本书为辽宁省教育科学"十四五"规划项题"新时代中小学教师师德违规防范与规制研究JG22CB216）研究成果

JICHU JIAOYU JIEDUAN JIAOSHI QINQUAN
XINGWEI FANGFAN JI GUIZHI YANJIU

基础教育阶段教师侵权行为防范及规制研究

赵 阳/著

图书在版编目（CIP）数据

基础教育阶段教师侵权行为防范及规制研究/赵阳著. —北京：知识产权出版社，2024.9

ISBN 978-7-5130-9181-7

Ⅰ.①基… Ⅱ.①赵… Ⅲ.①基础教育—师资培养—研究 Ⅳ.①G635.12

中国国家版本馆 CIP 数据核字（2024）第 029508 号

责任编辑：李学军　　　　　　　　责任校对：潘凤越
封面设计：刘　伟　　　　　　　　责任印制：孙婷婷

基础教育阶段教师侵权行为防范及规制研究
赵　阳　著

出版发行：知识产权出版社有限责任公司	网　　址：http://www.ipph.cn
社　　址：北京市海淀区气象路 50 号院	邮　　编：100081
责编电话：010-82000860 转 8559	责编邮箱：752606025@qq.com
发行电话：010-82000860 转 8101/8102	发行传真：010-82000893/82005070/82000270
印　　刷：北京中献拓方科技发展有限公司	经　　销：新华书店、各大网上书店及相关专业书店
开　　本：787mm×1092mm　1/16	印　　张：13
版　　次：2024 年 9 月第 1 版	印　　次：2024 年 9 月第 1 次印刷
字　　数：168 千字	定　　价：88.00 元
ISBN 978-7-5130-9181-7	

出版权专有　侵权必究

如有印装质量问题，本社负责调换。

序　言

近十年以来，受社会经济、学校教学模式、家长教养方式、教师职业行为等因素的影响，未成年学生健康问题严重程度、精神障碍患病率等有上升趋势，不仅成为关系国家未来的重要公共卫生问题，更是亟待解决的教育体制问题。根据国家卫健委公布的一组数据，2018年全国儿童青少年总体近视率高达53.6%，其中，6岁儿童近视率为14.5%，小学生为36%，初中生为71.6%，高中生为81%。在儿童青少年群体中高发和早发的不只是近视，肥胖、超重的情况同样令人担心。国家体育总局运动医学研究所运动健康中心主任厉彦虎在调查中发现，当前不少孩子存在不同程度的脊柱健康问题，身体姿态有问题的也不少，"久坐以及长期形成的不正确坐姿、睡姿容易导致青春期脊柱侧弯"。此外，近年来，我国媒体也屡屡报道未成年心理健康问题，其中，因教师职业行为引起的学前儿童、未成年学生身心健康问题，社会尤为关注。

如何有效保护未成年学生的身心健康，如何有效防范与规制教师侵权行为，已经成为当前基础教育领域亟待解决的首要问题。我国最新修改的《教育法》《教师法》《义务教育法》以及全国各地制定的中小学教师职业道德规范等法律法规和教育政策中，都提出了依法治教。2022年，为深入贯彻落实中共中央办公厅、国务院办公厅《关于进一步减轻义务教育阶段学生作业负担和校外培训负担的意见》和《法治政府建设实施纲要（2021—2025 年）》精神，教育部提出加强校外培训监管行政执法工作，不断提升校外培训治理能力和治理水平。然而，迄今为止，我国还没有统一的教育体制明确教师的哪些行为属于侵权行为。我国教育界、法学界关于基础教育阶段教师侵权行为的概念还没有形成内涵与外延相一致的理解，对基础教育阶段教师侵权行为的类型划分尚不明晰，相关研究还是空白。媒体曝光基础教育阶段教师侵权行为，也导致当前基础教育阶段很多教师不知道如何在合法的职业范围内开展教育教学。有些教师侵犯了学生的权利而不自知，还有些教师因为侵权行为被媒体曝光而受到处罚，甚至被开除出教师队伍。从实践角度看，当前绝大多数基础教育阶段的教师未能明确知晓教师侵权行为要素。

　　本书以基础教育阶段教师侵权行为防范与规制要素为研究对象，通过理论建构探索出基础教育阶段教师侵权行为防范与规制要素的理论框架为防范与规制物质侵权、防范与规制精神侵权、防范与规制公共利益侵权 3 个维度，防范与规制危险品侵权、防范与规制私人财物侵权、防范与规制人身侵权、防范与规制人格侵权、防范与规制影响型侵权、防范与规制交易型侵权 6 个亚维度，以及 43 个具体防范要素条目。本书通过访谈 20 多名学生获取关于教师侵权的一手资料，通过数据收集、初始编码、聚焦编码和理论编码获取从学生角度出发基础教育阶段应该防范和规制的教师侵权类型。依据基础教育阶段教师侵权行为类型，建构基础教育阶段教师侵权行为问卷，验证基础教育阶段教师侵权行为防范与规制理论框架，通过家长问卷调查法探索背后的机理。本书采用 SPSS 21.0 统计软件方法，验证防范与规制基础教育阶段教师侵权行为的理论框架，具有较高的信度和效度。

　　通过对当前我国基础教育阶段教师侵权行为的检测，我们发现，当前我国基础教育领域，教师存在如下侵权问题：忽视学生的人格健康；忽视学生的人身健康；疏于维护学生公共利益；疏于保护学生的物质权利。从具体侵权条目来看，基础教育阶段教师侵权行为包括43个条目，根据调查，其中最经常出现的侵权行为有22个。在3大侵权防范维度中，教师最需要防范的是对未成年学生人格侵权，该现象在基础教育领域最为严重，包括教师当众辱骂学生、羞辱学生、贬低学生、嘲笑学生、按学生成绩排座位或者按学生成绩排考场、取消个别学生上非主科或非中高考科目条目的均值都超过标准。基础教育阶段教师应防范对学生公共利益的侵权行为，其种类包括14项，教育实践中侵权行为的数量最多，包括指定教辅材料、禁止学生使用公共体育器材、晚自习收费、有偿辅导、通过私人关系提供优势座位、取消全班非主科课或取消非中高考学科的课程等。在基础教育阶段，教师对未成年学生人身侵权上，最应该防范的指标为超额作业。根据均值显示，超额作业依然是危害未成年学生身心健康最严重的问题之一。相比之下，教师物质侵权中，私人物品侵权行为现象最少，不过，教师特别需要防范危险品侵权行为，因为根据调查显示，教师危险品侵权行为均值最高。

通过实践调查深入探索成因，我们发现，基础教育阶段教师侵权行为形成原因包括三个方面：教师维度成因、学校维度成因、教育行政部门维度成因。从教师维度看，侵权形成的主要原因为：教师管理学生过程中防范侵权理念模糊；缺少系统科学的学生评价体系；家长促成教师形成公共利益侵权。从学校维度成因看，侵权形成的主要原因为：学校缺少系统科学的教师侵权行为防范与规制考核制度；教师考核为唯分数绩效管理体制；学校缺少科学的学生安全管理体制。从教育行政部门维度看，侵权形成的原因为：地方教育行政部门缺少专门的基础教育阶段教师侵权行为规制管理制度；上级教育行政部门在地方教师侵权行为防范与规制管理上调控力不足；国家没有立法规定建立各级各类基础教育阶段教师侵权行为防范与规制体制。

　　为了有效防范与规制基础教育阶段教师侵权行为，从宏观管理角度看，本书提出国家应对基础教育阶段教师侵权行为进行立法，明确教师侵权行为规制客体、规制主体及其权责，明确基础教育阶段教师应防范侵权行为评价指标体系，立法明确教师侵权行为审查程序。从中观过程监察角度看，本书提出地方政府应建立基础教育阶段教师侵权行为防范与规制管理体制；补充相关政策使基础教育阶段教师侵权行为得到事前预防、事中监管、事后补救等源头性治理。从微观预防角度看，本书提出立德树人，依法治教，各地教育政策部门及学校应开展教师侵权行为预防与规制的定期培训。基础教育阶段，教师在教学过程中应该遵循依科学方法立德树人、依教育法律法规规范执教。

　　本书主要聚焦六个方面的问题：第一，通过分析和梳理已有研究成果，界定基础教育阶段教师侵权行为防范与规制的概念，并探究基础教育阶段教师侵权行为防范与规制概念的内涵和外延。第二，通过对法伦理学理论进行研究，明确基础教育阶段教师侵权行为防范与规制的研究范畴。第三，通过质性分析与量化研究，调查我国当前基础教育阶段教师侵权行为的现状，通过实证调查，进一步验证和补充基础教育阶段教师应该防范的侵权行为的理论框架。第四，总结当前我国基础教育阶段存在的问题，从教师维度、学校维度、教育行政部门维度揭示形成基础教育阶段教师侵权行为背后的原因。第五，论述基础教育阶段防范与规制教师侵权行为的必要性，从危害后果考量理论视角，论述教师侵权行为对学生身心、人格、大脑健康所造成的不良影响。第六，提出有效防范和规制基础教育阶段教师侵权行为的对策。本书主要从以下几方面进行论述：第一部分是理论梳理。第二部分是实证调查。第三部分是解决对策。具体来说，本书除导论外，分为八个章节。第一章是基础教育阶段教师侵权行为防范与规制相关概念的界定。第二章为本书的理论基础，主要介绍法伦理学理论基础、自我耗损理论和需要层次理论。第三章进一步论述基础教育阶段教师侵权行为需要防范与规制的类型，分别为物质侵权、精神侵权、公共利益侵权。第四章为本书的实证研究部分。从学生和家长角度对我国基础教育阶段教师侵权行为进行现状调查，从质性与量化两个方面来完善与验证当前我国基础教育阶段教师侵权行为防范与规制的理论框架。第五章总结基础教育阶段教师存在的行为问题，通过文本调查、深度访谈与暗访调查了解基础教育阶段教师侵权行为形成的原因。第六章针对未成年学生身心发展的特点，从后果考量分析基础教育阶段防范与规制教师侵权行为的必要性。第七章针对存在的问题提出基础教育阶段教师侵权行为防范与规制的解决对策。第八章总结本书内容。

目 录

导 论 ··· 1
  一、研究背景 ·· 1
  二、研究内容、研究意义、研究创新点 ······························ 7
  三、文献综述 ·· 12
  四、研究方法和研究思路 ··· 45

第一章 基础教育阶段教师侵权行为防范与规制的概念解析 ········· 52
  一、基础教育阶段教师职业概念界定 ······························ 52
  二、基础教育阶段教师侵权行为防范与规制概念界定 ········· 56
  三、基础教育阶段教师侵权行为防范与规制概念内涵 ········· 58
  四、基础教育阶段教师侵权行为防范与规制概念外延 ········· 61

第二章 基础教育阶段教师侵权行为防范与规制研究的理论基础 ··· 67
  一、法伦理学理论 ·· 67
  二、自我损耗理论 ·· 70
  三、需要层次理论 ·· 72

第三章　基础教育阶段教师侵权行为防范与规制类型划分 …… 75
　　一、基础教育阶段教师侵权行为防范与规制类型划分标准 …… 75
　　二、基础教育阶段教师侵权行为防范与规制的划分类型 …… 81
　　三、基础教育阶段教师侵权行为防范与规制类型之间的
　　　　内在逻辑关系 ………………………………………… 86

第四章　基础教育阶段教师侵权行为防范与规制内容指标实证研究 …… 89
　　一、基础教育阶段教师侵权行为防范与规制内容指标质性
　　　　研究 …………………………………………………… 89
　　二、基础教育阶段教师侵权行为防范与规制内容指标量化
　　　　研究 …………………………………………………… 101

第五章　基础教育阶段教师存在的侵权问题及其成因分析 …… 116
　　一、当前基础教育阶段教师存在的侵权问题 ……………… 116
　　二、基础教育阶段教师侵权行为的形成原因 ……………… 119

第六章　基础教育阶段教师侵权行为防范与规制的必要性分析 …… 126
　　一、侵权行为对未成年学生心理机能的危害 ……………… 127
　　二、侵权行为对未成年学生大脑生理机能的危害 ………… 130
　　三、侵权行为容易引发的心理疾病 ………………………… 133

第七章　基础教育阶段教师侵权行为防范与规制对策 …… 138
　　一、宏观层面：立法规定基础教育阶段教师侵权行为 …… 139
　　二、中观层面：建立各级各类基础教育阶段教师侵权行为
　　　　防范与规制要素管理体制 …………………………… 146
　　三、微观层面：学校依法治教 ……………………………… 151

第八章 基础教育阶段教师侵权行为防范与规制研究结论 …… 165
  一、基础教育阶段教师侵权行为防范与规制要素理论框架 …… 165
  二、基础教育阶段教师侵权行为现状 …………………… 166
  三、基础教育阶段教师侵权行为成因 …………………… 167
  四、基础教育阶段教师侵权行为防范与规制对策 ……… 168

附录 1 基础教育阶段教师职业行为现状调查问卷 …………… 170

附录 2 学生访谈提纲 ……………………………………… 175

参考文献 ……………………………………………………… 176

后　记 ……………………………………………………… 189

导　论

作为中国基础教育的主力军，教师为我国教育事业作出了巨大的贡献。受社会经济、应试制度、家长教育观念等因素的影响，我国基础教育阶段教师也承担着一定的职业风险。近年来，因为教师侵权行为所引起的家校法律纠纷不时见诸报端，基础教育阶段教师对自己职业行为的底线也开始产生困惑，基础教育阶段教师如何规避侵权风险，已经成为我国教育领域亟待解决的制度建设问题。

一、研究背景

（一）"唯分数"应试考试制度与青少年学生全面发展背道而驰

21世纪，随着信息化时代的到来，全球已经进入了一个知识经济化时代。中国是世界人口大国，各个地区教学资源的水平和数量参差不齐，贫困地区教学资源落后，发达地区却拥有先进的教学资源。应试教育为中国各个地区提供了一个相对公平公正的教育模式，让贫困落后地区的学生也能有机会接受高等教育。然而，应试教育的特点为唯分数择优录取，唯分数对于学生而言，意味着只有考一个好成绩，才能上一所好大学。在唯分数的教育背景下，应试教育开始前移。学前教育出现小学化倾向，小学阶段开始出现初中化倾向，初中阶段的主要目标是考取大学录取率最高的高中。

近年来，伴随应试教育唯分数现象，基础教育阶段学生的健康问题也不时见诸报端。我国儿童、青少年近视、肥胖呈高发和低龄化趋势，严重影响儿童、青少年的身心健康，已成为社会关注的焦点。此外，由于长期久坐，不少孩子存在不同程度的脊柱健康问题。近年来，我国媒体屡屡报道未成年学生心理健康问题，总结其原因包括：作业压力、学习排名下降或学习成绩不理想、因为分数导致的师生矛盾、侮辱性体罚、课后班辅导费压力、被当众指责作弊、遭受精神虐待等。在当前基础教育领域，未成年学生的身心健康、公共安全正面临着巨大的挑战。

（二）保障学生基本健康必须防范和规制基础教育阶段教师侵权行为

通过对我国近二十年来基础教育阶段教师侵权行为的研究、分析，发现侵害中小学生健康的教师侵权行为包括：身体侵权现象，如殴打学生、罚学生蹲讲台、罚跑操场、超负荷作业等。精神侵权现象，如侮辱学生、对学生实施语言暴力、忽略学生、不公平对待学生、超前教育等。公共利益侵权现象，如索取座位费、节假日收礼、出售教辅材料、指定教辅材料赚取差价、按分数排座、有偿补课、办课外有偿辅导班等。

从理论上来讲，基础教育阶段教师职业行为是基础教育阶段教师素质的核心，因为教育目标的实现主要是通过教育主体——教师来完成的，而厘清基础教育阶段教师侵权行为是依法规范基础教育阶段教师职业行为的关键。从这个意义上来说，把基础教育阶段教师侵权行为弄清楚了，基础教育阶段教师职业规范化问题也就解决了，当前基础教育阶段的教育现实问题也就迎刃而解了。规范基础教育阶段教师职业行为，首先需要科学建构基础教育阶段教师侵权行为防范与规制理论体系，明确在当前基础教育阶段教师的哪些行为构成侵权。这些对于解决当前基础教育领域的侵权现象，提高基础教育阶段教师职业道德素质，保护未成年学生及教师的权利至关重要。

依法治教是培养跨世纪一代新人、实施科教兴国战略的有力保证。只有基础教育阶段教师在教学过程中明确自己的责任与义务，依法治教，才能严私德、守公德、明大德。依法治教的前提是明确教师职业行为的底线，即明确基础教育阶段教师的哪些行为构成侵权。明确基础教育阶段教师侵权行为防范与规制指标体系对于保障教师依法治教，依法保护未成年学生的物质权利、精神权利、公共利益至关重要。

迄今为止，我国没有统一的法律法规明确基础教育阶段教师侵权行为。现有的《中小学教师职业道德规范》虽然提出了依法治教，但是没有全面具体地规定基础教育阶段教师的哪些行为构成侵权。此外，《教师法》《义务教育法》中关于基础教育阶段教师侵权的规定，由于用语过于模糊，没有明确基础教育阶段教师职业行为的法律边界。例如，《教师法》只提出禁止教师侵犯学生的合法权益，禁止有害于学生健康的行为。但是，并没有明确怎样的行为是有害的，没有提出未成年学生的合法权利是什么，如果违反规定应承担什么样的法律责任，这就导致该规定确立了原则，但不能落到实处。2018年，教育部、民政部、人力资源和社会保障部等联合发布了多部文件规范基础教育阶段教师职业行为，如《教师违反职业道德行为处理办法》（2018年修订）、《关于印发未成年学生减负措施的通知》等文件，然而，据调查，整顿效果依然不尽如人意。

我国还没有依法建立基础教育阶段教师侵权行为防范与规制学校内部管理体制和基础教育阶段教师侵权行为教育行政部门防范与规制管理体制。由于没有明确政府部门以及上级教育行政部门参与基础教育阶段教师职业行为管理的法定职能和权力，基础教育阶段教师、学校、教育行政部门在规制一些侵权行为（如课外辅导、指定教辅材料、按成绩排座、按成绩排考场、分实验班）时无法可依。事实上，由于没有明确基础教育阶段教师侵权行为防范与规制管理体制，教育管理部门在教师侵权行为防范与规制管理上职能和权力边界模糊，在有些侵权现象中，学校和教育管理部门甚至成为教师侵权行为背后的主导者。

从法理上分析，在同一政策中，假设、处理与罚责要件需要统一。[1]从当前教育实践来看，已有的教育相关政策、文件、法律法规，由于在同一政策中缺少假设、处理与罚责要件的统一，无法有效解决当前基础教育阶段教师侵权行为。出于解决中国基础教育现实问题的需要，以及当前国家教育依法治教政策发展的需要，立法明确基础教育阶段教师侵权行为防范与规制要件，明确各相关管理主体的权责，对于建立基础教育阶段教师侵权行为防范与规制管理体制，解决当前基础教育阶段教师侵权问题至关重要。

（三）保障基础教育公共利益必须防范和规制基础教育阶段教师侵权行为

在当今这个不断变化的社会、市场环境下，基础教育作为公益事业

---

[1] 孙绵涛. 前提、保障与同一：民办学校教师权益法律保障的几点思考 [R]. 北京师范大学教育立法研究基地成立揭牌仪式暨民办学校教师法律地位及权益保障研讨会上所做的主题发言，2018（4）.

正在承受着压力，面对着诸多挑战。保证学生平等和公平的受教育权是保障基础教育公益性的关键。随着市场经济的发展，社会上出现了基础教育阶段教师利用校内资源开展课外有偿补习现象。这一行为中，教师具有双重角色，既是基础教育公职人员，又是个别学生兼职私人补课教师。根据自我耗损理论，一个人的心理能量被一种资源占用，必然影响另外一种资源。由此推论，当一部分基础教育阶段教师把更多的精力用于课外辅导，必然会忽略本职工作。基础教育阶段教师的双重职业角色也会导致其对所教学生的态度发生转变，出现亲疏有别、区别对待、课内不讲课外讲现象。此外，基础教育阶段教师私自补习形成风气，也会加重很多贫困家庭的经济负担，造成没有钱补课的贫困家庭子女学习机会不平等，导致补习学生与不补习学生之间受教育权的不平等。

根据英国学者边沁、美国学者潘恩、法国唯物主义哲学家爱尔维修关于个体与公共之间关系的论述，引申到基础教育领域，学生个人利益与整个教育公共利益之间是对立统一的关系。侵犯基础教育公共利益的同时，必然也会侵犯基础教育中每个学生的利益。只有实现基础教育公共利益，才能有效保障每个未成年学生的利益。在基础教育阶段，公益性体现在每个未成年学生依法接受免费、平等、尊重、受教育等各方面的合法权益。基础教育阶段教师具有维护基础教育公共教育利益的义务，为此，基础教育阶段教师需要在合法的职务边界内，对学生实施教育教学。作为基础教育实施者，基础教育阶段教师是尊重、落实未成年学生教育合法权利的实施者，是保护基础教育公共利益的实施者。通过基础教育阶段教师侵权行为防范与规制研究，明确基础教育阶段教师作为公职人员的职业行为规范，是保护基础教育公共利益的关键。

（四）身为国家公职教师必须遵守利益冲突避免义务

法伦理学作为法律与伦理学的交叉学科，弥补了当前法律与伦理学对于教师侵权行为研究的不足。法伦理学从利益冲突避免角度，对于解决国家公职人员行为问题提出了新的理论方案。在我国基础教育领域，基础教育阶段教师作为基础教育公职人员，同样具有利益冲突避免义务。基础教育阶段教师侵权行为研究将法伦理学理论引用到基础教育领域，将法伦理学研究主体扩展到教育领域立法中的人、守法中的人、司法中的人。康德说自由即自律，自律是最大的自由。基础教育阶段教师侵权行为防范与规制研究的目的是通过教育立法来规范基础教育阶段教师的职业行为，通过基础教育阶段教师职业行为自律的方式，帮助未成年学生和教师获取自由。基础教育阶段教师侵权行为防范与规制研究不仅是为了保护学生权利，更是为了保护基础教育阶段教师的权利，不仅是为了保护未成年学生的身心健康，同时也是为了保护基础教育阶段教师的身心健康。

从理论上讲，基础教育阶段教师侵权行为防范与规制理论研究有助于丰富法伦理学理论的应用范围，促进法伦理学的发展。本书的研究主体为基础教育阶段教师，以法伦理学为理论基础，探讨基础教育领域人民教师如何在法律边界内从事教学。这是当前基础教育领域亟待解决的问题，也是我国学术界尚未解决的问题。法伦理学视角下基础教育阶段教师侵权行为防范与规制研究统一于国家依法治教的法律精神，符合国家依法治教、立德树人教育的要求，是对国家基础教育阶段教师职业行为规范管理作出与时俱进、具有时代性特征的扩展，对于基础教育阶段教师职业价值观的形成以及未成年人的健康成长提供了有益保障。进入新时代，党中央将教师工作摆在前所未有的重要地位，全面开展师德师风建设是提升教师育人能力的关键。师德师风建设需要教师把责任和使命作为自己内心坚定追求的情怀指向和目标，需要教师不仅敬重、挚爱这份育人职业，而且拥有肩负国家使命和社会责任的家国情怀，以信仰的心力担当育人的责任和使命。教师与学生之间建立仁、义、礼、智、信的师生关系也是中华民族的伟大师生传统。基础教育阶段教师侵权行为防范与规制研究不仅可以保护未成年学生的公共利益，同时也可以帮助基础教育阶段教师树立依法执教、立德树人的职业价值观，更好地促进师生之间的关系。

二、研究内容、研究意义、研究创新点

（一）研究内容

本书有五个核心研究内容。

1. 分析国内外相关研究成果为本书奠定理论基础

分析国内外关于教师侵权行为防范与规制相关研究，查找相关文献，特别是关于基础教育阶段教师侵权行为防范与规制最新的文献材料，为本书进一步的理论探索研究奠定了理论基础。

2. 明确基础教育阶段教师侵权行为的内涵

基础教育阶段教师侵权行为防范与规制和其他阶段教师侵权行为防范与规制，以及基础教育阶段教师职业道德失范行为防范与规制是存在本质区别的。本书在已有理论研究的基础上，对基础教育阶段教师侵权行为防范与规制内涵和外延进行界定，从一般概念上概括其内涵及特征，从一般到特殊，从侵权行为的主体、客体、内容、后果以及治理形式五个方面来概括基础教育阶段教师侵权行为防范与规制的概念，归纳其内涵与外延。

3. 建构基础教育阶段教师侵权行为防范与规制理论框架

明确基础教育阶段教师侵权行为防范与规制类型是本书的核心内容，是明确教师职业行为底线、有效规范教师职业行为的必要前提。只有明确了基础教育阶段教师的哪些行为构成侵权，教师才能在合法边界内实施教学、科学、合法地管理学生，保护学生的物质权利、人格健康、身体健康、公共利益和公共安全等。

4. 对当前我国基础教育阶段教师侵权行为防范与规制的实证研究

探寻基础教育阶段教师侵权行为防范与规制的现状、存在问题及其成因有助于提出有针对性解决基础教育阶段教师侵权行为的对策。本书基于基础教育阶段教师侵权行为框架体系设计了"基础教育阶段教师侵权行为"问卷，调查中小学存在的侵权行为种类，总结其存在的问题，通过实践调查总结其形成原因，为提出解决对策提供了事实证据。

5. 从技术上提出基础教育阶段教师侵权行为的测评工具，并针对当前教育领域问题提出对策与建议

研究基础教育阶段教师侵权行为防范与规制的最终目的是解决当前基础教育阶段教师侵权行为现状，科学、合法地保护未成年学生的人格健康、身体健康、人身安全、物质权利、公共利益。本书为有效规范基础教育阶段教师的职业行为、保护学生的利益提出了切实可行的对策和建议。

（二）研究意义

1. 理论意义

在理论方面，本书有以下几方面的意义。

（1）有助于明确基础教育阶段防范与规制教师侵权行为类型。研究基础教育阶段教师侵权行为类型是规范基础教育阶段教师职业行为、解决基础教育阶段教师侵权现象的关键。本书从质性研究和量化研究两方面共同推进基础教育阶段教师侵权行为划分类型框架的建构。本书将基础教育阶段教师侵权行为类型划分为3个维度、6个亚维度和43个具体行为条目，不仅有助于对基础教育阶段教师侵权行为进行较为全面、深刻的认识和再概念化，而且可以丰富法伦理学理论的应用范围，在一定程度上丰富我国基础教育阶段教师侵权理论体系。

（2）有助于进一步认识和揭示影响基础教育阶段教师侵权行为的构成要件❶。从法学角度判断基础教育阶段教师的一个行为是否构成侵权，除了明确基础教育阶段教师侵权行为类型之外，还需要进一步探究其构成要件，即构成基础教育阶段教师侵权行为的客观要件和主观要件。本书以法伦理学、心理学、脑科学等为理论基础，在分析未成年学生身心发展特点与基础教育阶段教师职业特点的基础上，提出科学化、系统化的基础教育阶段教师侵权行为的构成要件。

（3）基础教育阶段教师侵权防范与规制研究有助于补充我国依法治

---

❶ 基础教育阶段教师侵权行为的构成要件是判断教师是否构成侵权的前提条件，包括客观要件和主观要件。客观要件包括行为主体、行为客体、外在侵权行为。基础教育阶段教师侵权行为类型是指哪些行为是基础教育阶段教师侵权行为，属于基础教育阶段教师侵权行为构成要件客观要件之一，即外在侵权行为要件。

教的内容。虽然我国《教师法》《义务教育法》《中小学教师职业道德规范》以及全国各地制定的《中小学教师职业道德行为规范》等法律法规和教育政策都提出依法治教,然而,我国已有的政策法规在基础教育阶段教师侵权行为防范与规制方面还是空白。法律是规定权利和义务的行为规范,为此,依法治教需要明确基础教育阶段教师的哪些行为构成侵权。本书采用实证研究方法,经过实证检测,完成对基础教育阶段教师侵权行为防范与规制理论的建构,这有助于将基础教育阶段教师侵权行为防范与规制的相关内容补充到《教师法》《义务教育法》《中小学教师职业道德规范》以及全国各地制定的《中小学教师职业道德行为规范》等法律法规和教育政策中。

2. 实践意义

开展我国基础教育阶段教师侵权行为防范与规制研究有以下几方面的实践价值。

第一,本书着眼于当前依法治教的时代背景,结合未成年学生与基础教育阶段教师职业的特点和当前基础教育存在的现象,研究基础教育阶段应防范与规制的教师侵权行为,有助于解决当前基础教育领域存在的教师侵权问题,明确基础教育阶段教师职业行为的底线,促进未成年学生健康成长及基础教育阶段教师的合法权利,保障基础教育公共利益。

第二,本书通过质性研究与量化的实证调查,对当前基础教育阶段应该防范与规制的教师侵权情况进行了调查,了解学生、家长对有关侵权的认识,这将有助于教育管理部门为基础教育阶段学校开展教师职业行为管理及培训提供实证依据,有利于学校对未成年学生权益进行科学管理与保护。

第三，本书通过专家问卷评议及深度访谈，揭示基础教育阶段教师应该防范的侵权行为，有助于完善基础教育阶段教师职业行为规范，促进制定适合我国中小学教师侵权行为防范与规制的相应法规，提高基础教育阶段教师职业行为管理的针对性和科学性。同时，基础教育阶段教师侵权行为防范与规制类型作为基础教育阶段教师侵权行为构成要件的外在侵权行为要件，可以为补充《教师法》《义务教育法》《中小学教师职业道德规范》，以及全国各地制定的《中小学教师职业道德行为规范》等法律法规和教育政策提供参考。

（三）研究创新点

1. 理论创新

本书以法伦理学为理论视角，科学建构基础教育阶段教师侵权行为防范与规制的理论框架，提出基础教育阶段应防范与规制教师侵权行为框架包括3个维度、6个亚维度和43个具体行为条目，从理论上促进了基础教育阶段教师侵权行为防范与规制理论在法学理论的发展。

本书查阅了大量英美两国关于基础教育阶段教师侵权行为防范与规制的原始材料，对其在防范与规制管理主体、规范内容、审查程序、惩罚措施等方面的内容进行了归纳，总结了英美两国防范与规制教师职业行为方面的成功经验，试图从理论上探索防范与规制基础教育阶段教师侵权行为的科学规律，并为本书提供参考。关于英美两国教师职业侵权防范与规制相关研究在国内属于首创性研究，填补了国内相关研究的空白。

2. 实践创新

本书通过科学的实证研究方法验证基础教育阶段教师侵权行为防范

与规制理论框架，对于全面了解基础教育阶段教师侵权行为防范与规制的类型具有重要的实践价值，补充了基础教育阶段教师侵权行为防范与规制管理相关政策内容。此外，基础教育阶段教师侵权行为防范与规制的构成要件、具体法律责任可以丰富我国相关的法律及补充我国基础教育阶段教师职业道德规范在依法治教方面的具体内容。

三、文献综述

"文献综述根据研究所涉及的内容范围上的差异，可以划分为两类：全面型论述和专题型论述。全面型论述是以一个学科或专业为对象。专题型论述则是以一个论题为对象。"[1] 本书选题的范围决定了本书主要为专题型论述。

（一）国内文献回顾

1. 侵权行为防范与规制研究

（1）历史发展角度：每个人的权利都不可侵犯。侵权这一概念可以追溯到人类权利演变的历史。人类社会的发展伴随着人类权利的发展，人类权利发展又推动了人类社会的发展。人类社会经历了从原始社会、奴隶社会、封建社会、资本主义社会到社会主义社会的转变。从权利中心演变来看，则可以划分为神权社会、专权社会、人权社会。持这种观点最有代表性的两位学者，国外是维科，国内是孙中山。根据维科的观点，人类历史按权利中心演变划分，可以分为神权时代、英雄时代、人

---

[1] 朱金，韦美珠. 高校学位论文的管理与利用 [J]. 图书馆学研究，2004 (3)：35-45.

权时代。在神权时代，上帝、神的权利是不可侵犯的，相当于霸权时代，权力集中在宗教领袖或极少数霸权者手中。在英雄时代，英雄是不可侵犯的，这个时代权力集中在部分人手中，人民的权利依然受到压迫。在人权时代，每个人的权利都是不可侵犯的，权利面前人人平等，没有人可以任意压迫剥削他人。孙中山先生提出，人权中心的演变从神权政治时代演变为君主制时代，最后演变为民权时代。人类社会权利中心的主体范围发生三个阶段的变化，从神到君主，最终到人民。从古到今，人类权利的主体从抽象到具体，从一个抽象的人到部分群体，最终发展到每个人，每个人的权利都不可侵犯是历史发展的必然。

（2）法律角度：自然人的多种权利不可侵犯。从当前我国法律来看，2021年1月，我国施行了《民法典》。《民法典》第109条规定，自然人的人身自由、人格尊严受法律保护。第110条第1款规定，自然人享有生命权、身体权、健康权、姓名权、肖像权、名誉权、荣誉权、隐私权、婚姻自主权等权利。第113条规定，民事主体的财产权利受法律平等保护。第114条第1款规定，民事主体依法享有物权。根据《民法典》，我国自然人的民事权益包括人身自由权、人格权、生命权、身体权、健康权、姓名权、肖像权、名誉权、荣誉权、隐私权、婚姻自主权、财产权、物权、个人信息受法律保护权等。

（3）法学角度：侵权行为的主体、内容、责任。当前我国学者分别从法学角度，就侵权的主体、对象、内容、原因、伤害结果等方面研究侵权行为。例如，柳倩华提出，侵权行为是指加害人不法侵害他人的财产权利和人身权利而应承担民事责任的行为。侵权行为构成要件应包括：第一是侵权主体，为加害人。第二是侵害内容，为"他人"的财产权和人身权。第三是侵权对象，为"他人"，指其他公民、法人以及国家。第四是侵权的原因，为故意或过失造成的不法行为。第五是侵权行为所产生的结果,即需要承担责任的民事伤害。[1] 王利明教授提出,侵权内容是指犯罪人因过错侵犯他人财产和人身的行为,侵权责任的主体应当依法承担民事责任。杨立新教授提出,侵权责任是由于犯罪者的过错或法律的特殊规定。在没有过错的情况下,犯罪者违反法律规定的义务,以行为或不作为的形式侵犯他人的人身权和财产权,也应当承担损害赔偿和其他法律后果。[2] 张新宝教授认为,侵权是指非法侵犯他人法定民事权益的民事行为,应当依照民法的规定承担相应的民事责任。[3] 现有研究认为,侵权行为对象是指一切自然人,侵权内容是指自然人的民事权利,侵权责任采用结果违法说,承担的是民事责任。

2. 教师侵权行为防范与规制研究

(1) 法律角度:规定教师侵权行为的主体、对象和内容。教师侵权伤害事故主要依据《民法典》《学生伤害事故处理办法》,以及最高人民法院出具的相关司法解释处理。但已有的法律对于基础教育阶段教师侵权行为责任和义务的规定过于笼统,在实践中,各方、特别是学生的权利,无法得到有效保护。《民法典》只对侵权对象、侵权内容进行了界定,没有对侵权行为防范与规制管理的主体和内容进行规定。根据《民法典》的相关规定,教师侵权行为采用后果违反说,而非行为违法说,侵权行为的构成要件为伤害后果、因果关系、违法行为、过错四个方面。主要包括以下几条:第1164条——本编调整因侵害民事权益产生的民事关系。第1165条——行为人因过错侵害他人民事权益造成损害的,应当承担侵权责任。依照法律规定推定行为人有过错,其不能证明

---

[1] 柳倩华. 论中小学教师侵权行为与教育法治 [J]. 现代教育科学, 2002 (10): 4-7.
[2] 杨立新. 侵权行为法案例教程 [M]. 北京: 中国政法大学出版社, 1996: 305.
[3] 张新宝. 中国侵权行为法 [M]. 北京: 中国社会科学出版社, 1995: 26-40.

自己没有过错的，应当承担侵权责任。第1166条——行为人造成他人民事权益损害，不论行为人有无过错，法律规定应当承担侵权责任的，依照其规定。第1167条——侵权行为危及他人人身、财产安全的，被侵权人有权请求侵权人承担停止侵害、排除妨碍、消除危险等侵权责任。第1168条——二人以上共同实施侵权行为，造成他人损害的，应当承担连带责任。第1169条——教唆、帮助他人实施侵权行为的，应当与行为人承担连带责任。教唆、帮助无民事行为能力人、限制民事行为能力人实施侵权行为的，应当承担侵权责任；该无民事行为能力人、限制民事行为能力人的监护人未尽到监护职责的，应当承担相应的责任。然而，根据后果违法说，未成年学生的人身自由权利、人格尊严权、物权、平等受教育等权力无法得到保障。

（2）教育法学角度：提出教师侵权责任和侵权内容。我国很多学者根据《宪法》《教育法》《义务教育法》规定，提出我国教师侵权包括侵犯学生平等权、受教育权和人身权等，并总结了应承担的侵权责任。相关文章包括：左萍的《教师侵权行为分析》、于宏伟的《学生权利受侵现象的原因及对策分析》、柳倩华的《论中小学教师侵权行为与教育法治》《从中小学教师侵权行为谈如何加强教育法治建设》、张民安的《中小学校和中小学教师承担的侵权损害责任赔偿——我国未来侵权法应当规定的原则》、吴开华的《中小学教师人身侵权行为的法理分析》、陈静的《教师侵权行为及其法律责任》、梁明的《教师侵权行为简析》等。在侵权内容上，蔡安明提出"侵权行为应该包括：虐待学生导致侵权损害发生的行为；超越必要限度的体罚导致侵权损害的行为；教师加害行为"[1]。在侵权责任上，劳凯生提出，依据原《侵权责任法》，幼儿

---

[1] 蔡安明，江志武. 教师在校园伤害中承担侵权责任研究［J］. 江苏教育研究，2016（3）：62-64.

园、学校或者其他教育机构的侵权责任应该分为三类：过错推定责任、过错责任、补充责任。

（3）伦理学角度：提出教师侵权行为的原因、类型。有学者从伦理学角度对教师侵权行为的原因和类型进行了界定。例如，檀传宝从罪恶归因角度将教师侵权行为归纳为四种类型，分别为物欲型罪恶、权欲型罪恶、名欲型罪恶、情欲型罪恶。钟祖荣从师生关系角度谈及了教师非人道侵权行为，提出侵权行为对学生产生的影响：体罚型教师培养出报复型学生，惩罚型教师培养出逃避型学生，心罚型教师培养出沉沦型学生。任顺元从教师职业伦理角度，把教师对学生的侵权行为归纳为九类，分别为偏爱行为、偏见行为、冷漠行为、猜疑行为、体罚行为、挖苦行为、权压行为、"告状"行为、放任行为，并论述了这些行为可能引起的后果。

3. 基础教育阶段教师侵权行为防范与规制研究

（1）对特殊保护未成年学生权利进行理论探索。为了保护未成年学生的特殊权利，我国很多学者对于未成年学生所享有的特殊权利进行了理论探索。就基础教育阶段教师侵权行为而言，我国学者根据《民法典》《未成年人保护法》等已有法律中的内容进行推导界定。例如，我国学者韩晓琴根据《民法典》推导出，基础教育阶段教师侵权行为的概念为：基础教育阶段教师因为故意或过失伤害未成年学生的财产和人身权利而应承担民事和刑事责任的行为。就基础教育阶段教师侵权的对象而言，为学前儿童、中小学学生，根据我国《未成年人保护法》第2条的规定，学前儿童、未成年学生是未成年人，即未满18周岁的公民。我国学者管华提出，未成年学生作为未成年人与成人相比属于"自然性弱势群体"。弱势群体的特征表现为"未成熟状态"，他们不能运用理性为自己的权利而据理力争。❶ 就基础教育阶段教师侵权内容来说，虽然未成年学生尚不具有独立的民事行为能力，但其人格权是与生俱来的，未成年学生的权利应受到《宪法》《刑法》《民法典》及《未成年人保护法》的保护。此外，还需要针对未成年学生作为"自然性弱势群体"的特殊权利进行专门的保护。劳凯生、罗英芬、王汨宝、郭严冰、张冀曼、毛豪明、王翠萍、孙晋晋等学者提出，教育是教师与学生进行直接交往的工作，客观上，教师对其工作对象，即学生，容易出现一些侵权行为。当前我国基础教育阶段教师侵权行为主要包括侵犯未成年学生的健康权、人身权、隐私权、财产权、平等受教育权、休息权、自由活动权等。

（2）从法理学角度研究基础教育阶段教师侵权行为。判断一个行为是否侵权，需要依据侵权的构成要件。迄今为止，我国立法上没有确定基础教育阶段教师侵权的构成要件。很多学者从法理上对基础教育阶段教师侵权行为构成要件进行研究。例如，吴开华从法理上对基础教育阶段教师侵权行为的责任构成要件进行了归纳，认为构成侵权责任须符合下述四个要件：行为的违法性、损害的事实、因果关系、教师过错。❷ 然而，该研究没有考虑到未成年学生的身心特点。未成年学生处于身心未成熟阶段，其身心不良影响是潜在的，从心理学、脑科学、神经学、儿童健康学角度而言，人们在童年或者青少年时期身心受到伤害之后，其负面影响可能终身无法消除，未成年学生所遭受的生理和心灵的创伤，无法采用民法伤害事实来取证。此外，基础教育阶段教师的公共利益侵权行为对未成年学生人生观、价值观的不良影响，对于整个教育健康发展的不利影响，都是无法用伤害事实来取证的。我国学者张民安指

---

❶ 管华. 论儿童宪法权利的制度保障 [J]. 江苏行政学院学报, 2012（5）: 131 – 135.
❷ 吴开华. 中小学教师人身侵权行为的法理分析 [J]. 教育评论, 1999（6）: 44 – 46.

出《最高人民法院关于审理人身损害赔偿案件适用法律若干问题的解释》在教师损伤责任上内容不全面，立法应明确中小学校和中小学教师侵权损伤应承担的法律责任。我国很多学者从政策法规建设角度对基础教育阶段教师侵权行为治理提出了建议，如劳凯声在其论文《论受教育权利的国家义务》中提出：教育法律法规是国家行政管理法规的一个重要内容，是国家管理教育的一种重要手段。因此，我国需要采用法律的形式对基础教育阶段教师侵权行为的主体、内容、形式、责任等要素进行具体明确的规定，不能条文空泛，影响管理的效力。❶

（3）国家制定多项法律保护未成年学生权利。我国已经制定了《未成年人保护法》《教师法》《预防未成年人犯罪法》《义务教育法》等法律法规。

① 立法规定未成年学生的人身权利及其部分教师侵权行为的法律责任。2009年我国修正的《教师法》第8条提出，人民教师应保护未成年学生人格权利、人身健康权利、全面平等受教育权利等其他权利。关于基础教育阶段教师的法律责任，《教师法》在第37条就体罚学生、侮辱学生提出了行政处分或者解聘的处罚规定。但是《教师法》规制内容不全面，没有提及违反第8条规定，教师不公平对待学生，如差别对待学生、不履行全面培养学生品德、智力、体质的义务，任意取消音乐、美术、思品等非考试科目课，取消课间休息、取消眼保健操、取消体育课，任意留超负荷的作业等侵权行为应该承担怎样的法律责任。

2024年我国修正的《未成年人保护法》在全国范围内实行。为了保护未成年学生受教育权、人格健康、人身健康、平等受教育权利、公共安全，《未成年人保护法》第3条、第4条、第18条、第27条、第

---

❶ 劳凯声. 论受教育权利的国家义务 [J]. 中国教育学刊，2018 (1)：38-44.

28条、第29条作了相应的规定。例如,《未成年人保护法》第3条第1款规定,国家保障未成年人的生存权、发展权、受保护权、参与权等权利。第27条提出学校的教职员工应当尊重未成年学生人格尊严。但是,在具体条款上规定内容不具体,没有提出违反《未成年人保护法》第3条、第4条、第18条、第27条、第28条、第29条的规定,侵犯未成年学生受教育权、人格健康、人身健康、平等受教育权利、公共安全等权利的侵权责任人、侵权监管部门、学校、教育行政部门应具体承担什么样的法律责任。

关于未成年学生人格权利保护,我国2021年6月实施的《预防未成年人犯罪法》在第3条作了规定。为了防范社会观护的未成年人人格权受到伤害,《预防未成年人犯罪法》第64条规定,有关社会组织、机构及其工作人员虐待、歧视接受社会观护的未成年人,或者出具虚假社会调查、心理测评报告的,由民政、司法行政等部门对直接负责的主管人员或者其他直接责任人员依法给予处分,构成违反治安管理行为的,由公安机关予以治安管理处罚。然而,遗憾的是,《预防未成年人犯罪法》法律责任条款中没有规定歧视学生、不尊重学生人格、体罚学生、虐待学生应承担怎样的法律责任。《预防未成年人犯罪法》第3条、第64条在追责上内容不全面,效力不足。

② 立法规定基础教育公益性、学生平等受教育权利。2018年,我国第二次修正《义务教育法》,就公共利益、学生平等权利作了相关规定。关于保护公共利益,《义务教育法》第2条提出国家实行九年义务教育制度。义务教育是国家统一实施的所有适龄儿童、少年必须接受的教育,是国家必须予以保障的公益性事业。《义务教育法》第4条和第29条都提出平等的受教育权利。然而,《义务教育法》中没有提出违反以上规定应承担怎样的法律责任。

③立法规定国家公职基础教育阶段教师职业行为管理条例。为了规范包括中小学在编教师在内的国家事业单位工作人员的职业行为，2014年7月，我国《事业单位人事管理条例》在全国范围内实施。《事业单位人事管理条例》对拥有国家事业单位编制的基础教育阶段教师在侵权内容、侵权行为法律责任、侵权处罚程序上都做了相应的规定。根据《事业单位人事管理条例》第28条的规定，基础教育阶段教师存在损害公共利益行为将予以相应的处分。公共利益侵权内容包括：损害国家声誉和利益，失职渎职，利用工作之便谋取不正当利益，挥霍、浪费国家资财，严重违反职业道德、社会公德，其他严重违反纪律的行为。关于违法行为的法律责任，《事业单位人事管理条例》第29条第1款规定，事业单位编制的教师违法行为的处罚从轻到重包括：警告、记过、降低岗位等级或者撤职、开除。《事业单位人事管理条例》第29条第2款对于处罚的具体期限也作了规定。事业单位编制的教师违法行为受处分的期间为：警告，6个月；记过，12个月；降低岗位等级或者撤职，24个月。《事业单位人事管理条例》第30条和第31条对于违法行为处罚程序作了规定。

《事业单位人事管理条例》对于规制基础教育阶段教师侵权行为具有重要的实践价值。然而，在预防和治理基础教育阶段教师侵权行为问题上，《事业单位人事管理条例》的规定无论在主体、内容、具体审查程序以及法律责任方面都还不够全面。该条例没有具体规定事业单位编制工作人员哪些行为违反职业道德和违反纪律。在规范主体上，该条例只适用于有事业单位编制的教师，不包括民办学校教师、培训机构教师。此外，《事业单位人事管理条例》没有提出具体处罚程序，可操作性不强。最关键的问题是，《事业单位人事管理条例》只针对基础教育阶段教师，其没有针对义务教育特征、基础教师职业特点和未成年学生身心发展特点作出规定。

（4）教育部发布多项政策文件防范和规制基础教育阶段教师侵权行为。从教育政策角度，为了保护我国未成年学生物质权利、精神权利、基础教育公共利益，教育部发布了多份文件，多项教师职业行为相关政策相继出台，师德师风建设进入制度化、法治化轨道。2008年9月，教育部颁布《中小学教师职业道德规范（2008年修订）》。2014年7月，教育部印发《严禁教师违规收受学生及家长礼品礼金等行为的规定》。2015年6月，教育部印发通知明确列出严禁有偿补课六条规定，禁止中小学校和中小学教师有偿补课。2016年上半年，教育部印发文件，要求各省（区、市）对中小学有偿补课治理工作进行专项自查，以查促建、以查促改、边查边建、边查边改，切实健全制度、完善治理体系、落实治理责任。在自查的基础上，教育部组建督查组，赴全国各省（区、市）开展治理中小学有偿补课专项调研与督查。2018年11月8日，教育部发布了《中小学教师违反职业道德行为处理办法（2018年修订）》。2019年9月，国务院教育督导委员会办公室发布《关于进一步加强中小学（幼儿园）安全工作的紧急通知》。

（5）已有的教育政策文件、法律法规、相关研究对于保护学生的物质权利、精神权利、公共利益，发挥了非常积极的作用。然而，教育部所发布的政策文件，以及已有的法律，对于防范和规制基础教育阶段教师侵权行为、全面保护未成年学生权益仍存在很多不足。

第一，已有的政策规定不全面。迄今为止，教育部所规定的禁止行为无法全面系统地保护未成年学生的物质权利、精神权利、公共利益。首先，已有的法律法规提出禁止基础教育阶段教师对学生实施精神侵权行为，包括不得歧视、侮辱学生，严禁虐待、伤害学生，严禁任何形式的猥亵、性骚扰行为，但是，没有提出防范和规制以下侵权行为：超前教育，侮辱性惩罚，诬陷学生，泄露学生隐私，取消个别学生非考试主科科目课程，取消全体学生音乐、美术、体育等非考试课程，超负荷作业，低年级学生留晚学等。已有的法律法规中提出了防范和规制公共利益侵权，包括不得索要、收受学生及家长财物等行为，但是，没有提出防范和规制按成绩排座位、按成绩排考场、按成绩分班、放学后晚自习、周末校内辅导、指定校内课外辅导班、课外辅导教师等侵权行为。此外，缺少物质侵权的规定，没有规定基础教育阶段教师是否有权力强制没收学生携带危险品，如刀具、有毒化学物品。没有提及禁止基础教育阶段教师物质侵权行为，如禁止没收未成年学生私人财物、禁止毁坏未成年学生私人物品等。

第二，没有规定基础教育阶段教师侵权行为的构成要件。从法理学上分析，在同一政策中，假设、处理与罚责要件需统一。[1] 我国学者侯健提出，法律与政策需要区别开来。法律规定比较恒定的事务，其基本内容是一个用权力、权利和义务来编织的比较刚性的规范体系。应以法治思维和方式来立法。立法应注意法律规范结构的完整性。不应只规定行为模式，不规定法律后果或者说责任条款。法律语言应当简洁、明确、肯定。[2] 遗憾的是，关于基础教育阶段教师侵权行为，在侵权行为构成要件的规定上不明确，不具体，缺少可操作性。

第三，基础教育阶段教师侵权行为的具体法律责任不明确。我国已有的保护未成年学生的专门法律，关于中小学教师侵权内容的规定不全面，没有具体规定教师侵犯未成年学生人格权利、人身权利、公共利益

---

[1] 孙绵涛. 前提、保障与同一：民办学校教师权益法律保障的几点思考 [R]. 北京师范大学教育立法研究基地成立揭牌仪式暨民办学校教师法律地位及权益保障研讨会上所做的主题发言，2018（4）.

[2] 侯健. 有关学前教育儿童保护的问题 [R]. 中国教育科学研究院学前教育立法研讨会上所做的主题发言，2019（1）.

等应承担什么样的行政处分、行政处罚、民事责任、刑事责任。

第四，根据已有的政策法律无法判定教师是否侵犯学生权利。首先，从语言规范角度上，现有侵权条款没有使用确定性语言规定哪些行为构成侵权。其次，在违法行为判定标准上缺少具体化规定。最后，缺少与违法行为相对应的具体可操作的法律规定。以《未成年人保护法》为例，只规定不得歧视未成年学生，但是中小学教师按成绩排座、排考场等行为是否够构成歧视，如何解决，如何惩治，没有相关规定。事实上，在西方国家法律明确规定此类行为为歧视行为。

第五，基础教育阶段教师侵权行为防范和规制管理主体及其权责尚不明确。已有的教育政策没有授权官方的教师侵权行为防范和规制管理部门；没有立法明确各级教育行政部门、政府相关业务部门、学校内部管理部门在教师侵权行为防范和规制管理上的职权；教育部所发布的政策没有规定基础教育阶段教师、中小学校及基础教育管理行政人员的法定权利和责任。因为没有规定法定责任，政策无法产生效力。基础教育阶段教师在教育过程中不明确自己的权利与所承担的责任，导致其在开展教育教学活动过程中，职业边界认识模糊，侵权事件屡有发生。同样，中小学校长也不明确自己的法定权责，导致教育领域违法行为不能及时有效查处。甚至，有的学校办学行为不规范，有的学校侵犯学前、中小学教师和未成年学生的合法权益长期得不到治理。此外，国家也没有立法规定教育行政部门在防范和规制基础教育阶段教师侵权问题上的权责，行政部门在进行管理时，往往从管理便利、工作顺手、管得住、听使唤出发，忽略了权利法定、程序正当、公开公正等法治要求。[1]

---

[1] 孙霄兵，翟刚学. 中国教育法治的历史回顾与未来展望[J]. 中国教育科学，2017(1)：4-14.

我国关于基础教育阶段教师侵权行为防范和规制方面的立法仍然只是初步阶段，离法治的要求还相差甚远。从基础教育阶段教师侵权防范和规制内容、防范和规制侵权行为治理主体权责、防范和规制侵权行为审查程序、防范和规制侵权行为主客体法律责任等相关研究来看，还不够全面与完整。

（二）国外文献回顾

1. 国外侵权行为相关研究概况

（1）法律角度：侵权责任采用结果违法说和间接违法说。国内外关于保护个人权利方面的结论是一致的。然而，从权利侵害承担责任角度，我国采用结果违法说，对于间接伤害没有立法规定。相比之下，欧美国家在权利侵害角度上，采用的是结果违法说和间接违法说。例如欧波尼和儒瑟确信，处理教师侵权问题的最佳方法首先是防止它们的发生。他们相信，避免在学校环境中发生侵权行为的最佳方法，是确保所有学校的工作人员都完全意识到他们的法律责任。美国学者斯托尔提出：直接侵权针对的是直接的伤害结果。间接侵权则不是直接针对结果，针对的是是否存在侵权行为，即采用行为违法说，只要侵权者的行为违反注意义务，该侵权行为就已经等同于具备违法性。美国除了联邦宪法和联邦法律，各州还有自己的宪法和法律。近年来，联邦政府颁布了许多关于校园侵权的法案，如《学校安全法案》《安全、无毒品的学校和社区法案》《学校禁枪法案》《为学生和教师提供更好教育的法案》等。各州还制定了相关的法规、政策，几乎涵盖了学校教育和生活等所有方面。

（2）侵权行为防范和规制立法依据：科学研究结果，国外很多学者对侵权行为的潜在危害，从心理学、神经性、病理学角度进行了深入研究，以此作为侵权行为立法的科学依据。国外对侵权行为的潜在危害进行研究的专业机构及学者包括：美国哈佛医学院附属机构麦克莱恩医院，美国南加州大学凯克医学院精神病学和心理学教授波瑞和斯科特，美国波士顿大学医学院创伤中心教授斯崔克·费希尔、泰歇教授，美国华盛顿精神病学学院理查德·A. 切菲茨博士，美国哈佛医学院的学校顾问和精神病学副教授、儿童和青少年精神病学家南希·拉帕波特。澳大利亚临床心理学家博士、澳大利亚维多利亚州墨尔本莫纳什大学儿童健康专家沃克。加拿大道格拉斯精神健康大学研究所，加拿大温莎大学凯姆博士等。总结国外研究，从心理学角度，侵权行为对未成年人的不良影响及危害是潜在的，甚至是终身的。侵权行为对未成年人的危害包括消极语言内化及消极关系图式、条件性情绪反应等。一旦伤害行为对未成年人心理产生影响，对其大脑生理机能的危害包括影响皮质和边缘系统、额叶皮质活动降低、边缘系统灵敏度增加等。在未来人生中，受虐待儿童有可能患得的疾病包括应激障碍、恐慌症、抑郁症等。为此，英美等国家在判断侵权行为责任时采用的是行为结果违法说和间接违法说。

2. 国外教师侵权行为防范和规制研究

（1）英国：立法规定教师侵权行为具体内容。近十年来，英国针对教师侵权行为制定了多部法律。关于侵权内容，英国立法明确规定：任何教育工作者禁止虐待学生，构成犯罪的行为包括三种：第一种是身体伤害，如击打学生、摇晃学生身体、丢弃学生、下毒、烧伤等不法行为。第二种是精神伤害，包括评论学生没有价值、不被爱、能力不足；不给学生机会表达其观点，故意冷落学生，取笑学生的说话内容和表达方式；布置超出学生能力范围的任务；过分保护和过分限制学生学习与探索；阻止学生参与正常社会交往；威胁学生，致使学生经常感到恐惧或处于危险中；对学生进行剥削。第三种是性虐待，包括迫使学生参加性活动，即强奸行为或猥亵行为，如手淫、亲吻、触摸。还包括非接触性活动，如让学生看色情图片、不健康网络视频等。此外，英国教师必须遵守《教师个人与职业行为标准》，具体内容包括七个方面：第一，严格对待学生，与学生之间彼此尊重，遵守教师工作的职业边界；第二，对于其他人的权利展示尊重与包容；第三，不损害英国核心价值观，即民主、法治、个人自由、共同尊重，包容不同信仰与观念；第四，教师确保自己所表达的个人观点不会激发学生的弱点，或可能导致学生犯法；第五，教师必须了解并遵守学校相关的政策、法规；第六，教师必须理解教师职业义务与责任，在法律所规定的责任范围内从事教学；第七，教师必须依照《儿童保护法》的要求保护学生的利益。❶

（2）美国：立法规定教师侵权行为具体内容。作为法律条款，美国《教育专业伦理规范》比较具体和明确的规定了教师侵权行为的内容，并以"不得"引起全句。具体内容可以总结为：禁止教师对学生实施精神侵权、物质侵权、公共利益侵权。例如，在精神侵权上，《教育专业伦理规范》规定，教师不得故意羞辱或贬低学生；不得侵犯学生自由权利；不得故意隐瞒或歪曲与学生进步有关的主题内容等。在公共利益侵权上，美国《教育专业伦理规范》规定，教师不得利用专业关系之便谋取私利。❷

---

❶ 赵阳. 英国教师职业行为规范制定与实施［J］. 外国教育研究，2019（8）：30-42.
❷ 赵阳，周浩波. 美国教师职业道德法制化管理对我国的启示——以佛罗里达州为例［J］. 辽宁师范大学学报（社会科学版），2017（7）：80-85.

（3）法国：教师侵权的责任和审查程序通过立法规定。在法律责任上，《法国民法典》第 1384 条第 5 项规定："教师对学生，在其监督期间所造成的损害，应负赔偿责任。"在审查程序上，《法国民法典》第 1384 条第 7 项规定："对于教师而言，被告因疏忽或无意疏忽的事实，应由诉讼中的原告按照一般法证明。"❶ 康尼斯经过研究提出，教师认证与解聘可禁止最恶劣的行为。

综上所述，我国教师侵权行为在立法上存在欠缺，相比之下，英国、美国等通过立法进行了明确规定，内容具体、政策文本效力高，可执行性强，在侵权责任上采用结果违法说和间接违法说。

3. 基础教育阶段教师侵权行为防范和规制研究

（1）英国基础教育阶段教师侵权行为防范和规制采用法制化管理。

1）英国基础教育阶段教师侵权治理相关立法。近几年，英国相继颁布了关于学校、教师职业规则、教师职业失范、教育监察、教师职业行为标准等二十几部法律文件，如《2014 英格兰教育条例独立学校标准（修订本）》《2012 学校条例》《2013 学校条例》《2013 学校管理条例》《2013 英国教师规则条例》《2013 英国校长及教师学校行为守则》《2006 教育监查法》《2016 教师管理条例》《2016 教师职业失范：教师禁令》《2016 教师个人与职业行为标准》《2016 教师行为失范：立法程序》等。

2）英国立法明确基础教育阶段教师侵权行为主体为工作于英国地方公立学校、专科学校、非公立特殊学校、独立学校及六年制专科学校、青年住宿学校及儿童之家的所有教师。

---

❶ 刘昆岭. 未成年学生伤害事故中归责原则的适用比较［J］. 中州大学学报, 2007（4）: 5-7.

3）英国立法规定基础教育阶段教师侵权行为管理机构及其职责。英国基础教育阶段教师侵权行为的官方管理机构是英国国家教学与领导学院，为英国教育部的下属部门，主要负责处理涉及英国地方公立学校、专科学校、非公立特殊学校、独立学校及六年制专科学校、青年住宿学校及儿童之家的所有教师投诉事件。根据英国《教育法》，英国国家教学与领导学院管理职责包括：第一，作为教师职业侵权行为管理机构，英国国家教学与领导学院负责受理教师投诉事件。第二，英国国家教学与领导学院负责任命专业审查小组，对投诉事件进行调查。第三，英国国家教学与领导学院负责组织陪审团听证。第四，英国国家教学与领导学院有权对违规教师提出禁令，教师禁令指该教师终身不能在教育部门从事教育工作。

4）英国立法规定基础教育阶段教师侵权行为审查程序。英国国家教学与领导学院调查教师侵权投诉案件程序包括投诉认证、投诉受理、投诉审核。具体内容如下。

① 投诉认证。第一，投诉对象认证。英国国家教学与领导学院在受理教师投诉案件后，首先需要确认被投诉教师是否属于英国国家教学与领导学院管辖范围内的教师，即就职于英国地方公立学校、专科学校、非公立特殊学校、独立学校及六年制专科学校、青年住宿学校或儿童之家的教师。投诉对象认证的法律根据为《2016教师管理条例》。

第二，投诉内容认证。投诉对象经过认证后，英国国家教学与领导学院需要对投诉内容进行认证，即确认所投诉内容是否违反了《2016教师个人与职业行为标准》及《2016教师管理条例》中规定的教师教学相关规定。若投诉内容没有达到以上标准，英国国家教学与领导学院将驳回投诉。若投诉内容达到以上标准，英国国家教学与领导学院将受理投诉。

② 投诉受理。第一，书面通知教师。受理投诉之后，根据《2016教师管理条例》，首先，英国国家教学与领导学院将以书面形式通知被投诉教师。通知内容包括：英国国家教学与领导学院获得的投诉教师的证据副本，如文件、色情资料计算机存储信息等证据。对于不便拷贝的文件，将对证据进行描述并解释不能直接提供的原因。同时，将通知被投诉教师在四周内做出回应。此外，英国国家教学与领导学院会提供给被投诉教师一份相关法律程序副本，具体描述该部门对投诉相关证据调查的安排。

第二，教师回应说明。英国国家教学与领导学院工作人员除了解释投诉案件的审查程序外，不做其他任何方面的解释。英国国家教学与领导学院建议被投诉教师在做出回复之前，向法律专家或工会代表做相关咨询。根据规定，被投诉教师可以选择回应，也可以选择呈交相关澄清证据，如学校调查日志等。一旦超过回应截止日期七个工作日，投诉案件将转交给由英国国家教学与领导学院高级工作人员组成的决策组调查。在收集证据截止之后两天内，英国国家教学与领导学院将考虑是否通知学校领导，正式向该教师颁发临时禁令，暂时停止该教师从事任何教学活动，直到案件被完全调查清楚并作出结论。

第三，决策组考察证据。根据《2016教师职业失范：教师禁令》，英国国家教学与领导学院决策组将审查所有证据，包括来自投诉方的信息、来自被投诉教师的信息、英国国家教学与领导学院调查的信息及学校或警察提供的信息。英国国家教学与领导学院决策组可以根据需要向相关专家、教师、医疗专家或律师寻求建议。在收集完所有的证据之后，英国国家教学与领导学院将所有证据材料的副本寄送给被投诉教师，并要求该教师在最终调查决议前两周内做出回应或提供相关的澄清证据。

若经过调查，英国国家教学与领导学院决策组发现被投诉教师的职业失范行为不严重，将驳回上诉，并书面通知被投诉教师和投诉人。若投诉被撤销，根据《2002英国教育法》的规定，英国国家教学与领导学院需要发布书面有效声明，证明被投诉教师是清白的，并解除被投诉教师的临时禁令。

第四，审查受理投诉。如果英国国家教学与领导学院决策组发现教师职业失范行为较为严重，会将案件移交给审裁官。审裁官是由英国国家教学与领导学院任命的高级官员或律师。审裁官负责向教师职业行为陪审团提交证据，并以书面形式通知被投诉教师和投诉人，同时通知被投诉教师在发信之日起两周内做出书面回应。回应内容包括：被投诉教师是否承认调查事实；被投诉教师是否要求举行职业行为陪审团会议而不是听证会。

③ 投诉审核。如果被投诉教师在两周内通过书面形式承认所有指控事实，承认自己存在职业失范行为，可以请求国家教学与领导学院举行职业行为陪审团会议。陪审团会议与听证会不同，对于证据确凿的投诉，陪审团会议是最快的选择，参与人数少，不公开审理，准备时间短。陪审团会议并不意味着自动取消对教师的禁令，是否取消禁令需要根据案件严重程度决定。受理陪审团会议，英国国家教学与领导学院将执行如下程序。

第一，教师签署承认事实声明书。如果被投诉教师承认职业行为失范的事实，并要求举行陪审团会议，审裁官将要求该教师或教师代表准备、签署一份承认事实声明书。该声明书必须在三周内完成，内容包括教师承认所有投诉事实，解释有关失范行为发生的原因及过程。这些都将作为陪审团小组的参考资料。

第二，审核。英国国家教学与领导学院根据《2016教师行为失范：立法程序》来审核教师申请陪审团会议是否合理，并只受理事实确凿的案件。如果教师承认职业行为失范，却未承认指控事实，英国国家教学与领导学院将对该案件继续调查，之后对教师举行听证会。以下情况将会举行听证会：其一，教师在接到通知两周内没有正式回复；其二，关于所签署的事实声明，教师和裁审官不能达成一致；其三，英国国家教学与领导学院高级官员出于公众利益考虑或出于正义考虑，决定举行听证会。

第三，举行陪审团会议。根据英国宪法规定，教师职业行为陪审团成员根据公开程序选举而成。教师职业行为陪审团小组在法律顾问协助下，根据所呈现的证据对案件进行审查。陪审团会议不公开举行，没有证人和裁审官，被投诉教师本人也不参加。根据《2016教师行为失范：立法程序》规定，协助陪审团的法律顾问不能是教育部成员，并不参与决策。法律顾问的作用是对如下问题提供咨询：法律问题；混合法律和事实的问题；实践和程序问题；与决定相关的问题。尽管陪审团会议私下举行，但决定结果将公开宣布。会议结束后，允许所有公众（包括报社）进入会议室听评审主席宣布认定结果。如果陪审团发现教师具有严重职业失范行为，将继续召开会议决定推荐使用禁令。至于最终裁审结果由英国国家教学与领导学院高级官员决定。❶

5）英国预防基础教育阶段教师侵权行为机制。为了预防基础教育阶段教师侵权行为，保护教育相关各方的合法权利，2016年1月，英国根据《2006教育监察法》《2014英格兰独立学校教育标准》《2008学校信息条例》《2010平等法》《2012学校制度处置物品条例》等十多部相关法律制定了《校长及教师学校行为守则》。该行为守则为法律文件，规定了英国学校校长的法定职责以及教师职业行为的边界。

① 英国立法规定中小学校长法定职责。英国《校长及教师学校行为守则》规定，校长必须依照相关法律制定本校学校行为守则，保证在校

---

❶ 赵阳，李超. 英国学校教师职业伦理行为监管程序法制化研究［J］. 外国中小学教育，2017（12）：53-59.

师生具有好的行为习惯、自律、互相尊重。校长所制定的学校行为守则能够有效管理学生，确保学生完成所安排的任务。校长所制定的学校行为守则必须表述清晰，可操作，能够被教师、家长、学生所理解。

英国中小学《校长及教师学校行为守则》规定，校长法定职责包括：定期对学生行为进行评估与筛查；明确教师正当使用武力边界，以及教师与学生正当接触的职业边界；与地方机构合作，对具有连续破坏性行为的学生，就其不良行为进行诊断性评估；对被指控行为不端的教师进行辅导；制定学校学生行为标准及其惩治规则；校长必须以书面形式向在校教师、学生、家长公布学校行为守则；根据学校信息管理条例，学校行为守则必须公布在网上，同时将网址告知家长。

② 英国立法明确基础教育阶段教师管理学生职业边界。根据英国《校长及教师学校行为守则》，英国基础教育阶段教师对于行为不端、违反校规、不遵守合理教学指导的学生具有法定管理的权力。基础教育阶段教师可以在职责范围内的任何时间管理学生。基础教育阶段教师可以在学生不端行为出现的任何情境下随时管理学生。但是，在校外，英国基础教育阶段教师对学生实施惩罚必须达到合法条件：在合法行为边界内实施惩罚，并且在合法情境内。

③ 英国立法规定基础教育阶段教师惩罚学生的条件。英国《教育监查法》规定，当学生违反校规，不遵守教师合理指导，基础教育阶段教师有权力惩罚学生。合法的惩罚必须满足如下前提条件：第一，惩罚主体必须是学校在职教师或校长授权的工作人员。第二，惩罚学生的决定必须由管教该学生的教师来完成；惩罚主体不得违反教师规则条例和教师个人与职业行为标准及相关其他法律。

根据英国《教育监查法》第 91 条规定，教师对学生的任何体罚都是违法的。教师对学生所实施的惩罚必须适当，要考虑学生年龄、学生的特殊需要、学生可能有的缺陷及是否受到宗教影响、有心理创伤等。教师需要考虑学生的破坏行为是否是因为教育需要未得到满足，或者是否是因为学生其他需要没得到满足。鉴于此，基础教育阶段教师需要考虑是否对学生进行诊断性评估。

英国基础教育阶段教师惩罚学生需要遵守合法的边界：口头训斥；对于未达标的功课教师可布置额外任务，或者要求学生重复练习直到达标；设定写作任务作为惩罚，如罚写文章或论文；撤除学生特权，如学生失去重要的职位或不能参与便服日；惩罚学生参加社区服务，如捡垃圾或打扫学校、清理教室、饭后帮助清理校餐厅；在极端的个案中，学校可以采用没收不当物品，使用适当武力隔离或驱逐学生。

关于英国基础教育阶段教师没收学生物品的权力，英国《2012学校制度处置物品条例》《教育法》规定，基础教育阶段教师有未经同意搜查及没收学生禁品的权力。此处禁品包括：刀和武器，酒，非法药品，偷窃物品，烟，色情图片，任何用于作案、导致人身伤害或损坏公共财产的物品，任何校规中禁止的物品。当学生拒绝上交禁品时，基础教育阶段教师可以未经学生同意强行没收该物品。

关于基础教育阶段教师使用合理武力，英国《教育法》规定，基础教育阶段教师在班级可使用合理武力避免学生犯法、伤害自己或他人，损坏公共财产。关于隔离学生，是指允许教师将搞破坏的学生安置在隔离屋作为惩罚。实施该惩罚，基础教育阶段教师不得超越法定的边界。

英国教师有权力管理学生在校外的不端行为。英国《教育法》规定，英国教师在校外合法管理学生的情境包括：当学生对学校有序运行造成破坏性影响时；当学生对其他学生或公众造成威胁时；当学生行为对学校声誉产生不良影响时。如果有以上情况发生，校长或教师需要考虑是否通知警察或者通知当地反社会行为协调人员。如果学生的行为严重到犯罪的程度，基础教育阶段教师需要通知警察。此外，教师需要考虑该不端行为是否与学生的遭遇有联系。针对这种情况，学校需要对该学生开展保护政策，即与地方机构合作对具有连续破坏性行为的学生进行行为诊断性评估。基础教育阶段教师管理行为不端学生的时间段包括学生参加学校组织或与学校相关的校外活动过程中；学生往返学校途中；学生身穿校服时；用其他方式可辨别出是在校学生时。

6）英国立法规定教师侵权行为的罚责。根据《2016教师行为失范：教师信息》《2018教师禁令：构成教师职业禁令相关因素建议》等法律文件，英国教师职业行为按其失范程度可以判定为三类级别：第一级，违反教师职业规范的失范行为；第二级，破坏教师职业声誉的失范行为；第三级，涉及职业犯罪的失范行为。违反教师职业规范的失范行为是指教师的行为没有达到国家、学校所规定的教师个人与职业行为的标准。破坏教师职业声誉的失范行为是指教师不仅违反了教师个人与职业行为的标准，而且教师的职业失范行为对其职业地位造成了负面影响，潜在损坏了公众对教师的认知，导致教师职业名声受到损害。教师的职业失范行为不仅对学生带来了不良影响，而且对家长、社区其他人也带来了不良影响。由于第二类教师职业失范行为与第一类比较接近，英国国家教学与领导学院通过考察教师职业失范行为的影响程度和深度来判定是否属于第二类失范行为。涉及职业犯罪的失范行为是指教师职业行为已构成犯罪。构成职业犯罪教师失范行为包括：违反了教师规则条例；对学生和公众成员的安全造成危害；如果继续留用该教师，将影响大众对教师职业的信心等。

在英国，违反教师个人职业与行为标准的教师侵权行为会被处以调换岗位、一年禁令（即一年内停止该教师所任岗位）或短期停职培训等相关的行政惩罚。违反教师规则条例的教师，在教育法范畴内，最轻惩罚为一年以上禁令，即停职一年以上；最重惩罚为终身禁令，也就是终身不得从事教师教育工作。根据英国《2018教师禁令：构成教师职业禁令相关因素建议》，在英国，教师有如下侵权行为，其管理单位英国国家教学与领导学院将会建议国务秘书对其执行终身禁令，并且该教师不得在任何一段时间申请撤销禁令。具体包括：暴力；恐怖主义；基于种族/宗教或性取向的不容忍或仇恨；欺诈或严重不诚实；偷窃；毒品类药物滥用或供应；严重的性不当行为，例如行为出于性动机，对一个人或多个人造成或有可能造成伤害；利用其专业地位影响或剥削一个人或多个人；纵火和其他重大刑事损害；涉及观看、拍摄、制作、拥有、分发或发布儿童猥亵照片、图像、伪照片或图像的活动等。❶

（2）美国基础教育阶段教师侵权行为法律化管理。美国基础教育阶段教师侵权行为也可以从民事角度和行政角度来判断，从民事责任角度，美国侵权法的法律前提依据是当行为导致对他人的伤害，行为人有责任对其行为后果负责。美国教育资源法律顾问约翰·德瑞指出，学校环境是侵权法最普通的法律范畴，在学校、教室内实施的侵权行为，任课教师应承担法律责任。❷ 根据约翰·德瑞总结，在美国大多数与教育相关的民事诉讼案中，教师侵权责任主要分两类：故意侵权行为和过失侵权行为。故意侵权行为是指行为人意识到行为将会或有可能导致伤害的结果。在美国教育领域存在四种常见的侵权行为：攻击行为、殴打行为、非法监禁行为、诽谤行为。攻击行为是指明显去伤害学生身体或制造一种恐惧伤害的感觉。攻击行为的判断不是以身体接触事实为依据，只要存在攻击行为，致使对方产生恐惧感即被认定为攻击

---

❶ 赵阳. 英国教师职业行为规范制定与实施 [J]. 外国教育研究, 2019 (8): 30-42.
❷ John M. Drye, Esq. Tort Liability 101: When are Teachers Liable? [EB/OL]. [2017-01-13]. http://www.educator-resources.com/pdf/Teacher%20Tort%20Liability.pdf. [2018-01-09].

行为。殴打行为是指由攻击行为产生事实身体威胁行为，即存在事实殴打行为。在教室中，控诉教师殴打和攻击行为的普遍原因是教师企图惩罚学生或者阻止学生之间打斗。法院所认定的犯罪行为则是指教师的行为已经上升到野蛮、残忍、过度的程度，其行为明显具有恶意伤害动机。非法监禁行为是指采用直接物理方式、威胁方式故意监禁学生的行为。例如，将学生绑在座位上；休息时间把学生锁在小房间；用胶带封住喜欢说话学生的嘴；将有幽闭恐惧症的学生关在单独的隔离间。此外，对于将学生送到办公室、检测厅或放学后留晚学行为，如果对学生产生身体或精神上的压力，教师则需要注意该行为的合法性。诽谤行为，根据美国民事侵权法规定，是指一个人的错误言论伤害了另外一个人的名誉。

1）美国基础教育阶段教师侵权构成要件。美国法庭判定基础教育阶段教师攻击和殴打行为构成犯罪的要件一共包括四方面：学生的年纪、教师所使用惩罚手段及其工具（如果有）、学生被侵犯的严重程度和学生的纪律记录。阿巴拉马强调，教师过失侵权民事案件中，教师构成过失侵权行为的四部分要素包括责任、失职、直接原因和构成伤害。在学校情境下，教师对学生的责任在法律上为替代父母。教师有责任预计学生可能遇到的危险同时采取措施降低危险。具体责任包括：适当的监管、负责报告学校设备器材需要维护、对高危险活动加强监督、照顾有特殊需要的学生。❶

2）美国基础教育阶段教师侵权行为管理主体。在教育法范畴内，美国基础教育阶段教师侵权行为管理主体为教育权利与责任委员会。20世纪初期，随着社会经济的发展，美国教育界来自教师、学生、家长

---

❶ John M. Drye, Esq. Tort Liability 101: When are Teachers Liable？[EB/OL]. [2018-01-02]. http://www.educator-resources.com/pdf/Teacher%20Tort%20Liability.pdf. [2018-01-11].

等各方的投诉纷争事件不断出现，不仅不利于教师专业发展，而且对学生的身心发展造成了严重的负面影响。为了保障教育工作者、学生、家长等教育相关各方的权利，实现教育民主化，美国于1906年授权美国最大民间组织"美国全国教育协会"负责调查教育投诉事件。为了进一步加强此项工作的调查力度，1941年，"美国全国教育协会"创建了保护教育民主化的"国家委员会"，专门负责处理教育工作者权利及职责纷争等事件。1996年，美国人民代表大会决议，将"国家委员会"与"职业任期和学术自由委员会"合并，组建"教育权利与责任委员会"，负责管理教育工作者职业道德权利与职业义务。美国国家教育权利与责任委员会成立后，美国各州也纷纷成立了州教育权利及责任委员会。

3）美国立法规定教师职业侵权管理机构权责。美国全国教育协会起草法律文件规定了美国国家教育权利与责任委员会八个方面的职责。第一，维护教育工作者、学生、家长等教育相关各方的权利，使教育事业免受不公平的攻击；第二，开发教育政策，促进专业化人才引进；第三，帮助改进州立法；第四，保障教育工作者合法权利，使其在一个自由、安全、无恐惧及贿赂的自由学术氛围中传授真理；第五，收集批评和发布教育个人及群体信息，及时发现教育问题；第六，调查违反职业道德事件，并报告给美国全国教育伦理委员会；第七，调查开支情况，并将违反规定者名单报告给美国全国教育协会执行委员会；第八，发布公告与组织教育专业发展的各项活动，促进公众与教育工作者更好地理解并关注教育领域。

4）美国基础教育阶段教师职业侵权防范和规制的保障机制。美国预防基础教育阶段教师职业侵权的保障机制包括两方面内容：第一，建立美国专业伦理规范。20世纪初期，面对教育中教师队伍不断出现的职业道德问题，"美国全国教育协会"制定了《教育专业伦理规范》。该规范自1929年形成初稿，经过"美国全国教育协会"对全美教育问题的不断调查、收集和探索，在36年间历经了六次修改，最终于1975年成稿并沿用至今。"美国全国教育协会"制定的《教育专业伦理规范》作为美国教师职业道德规范具有法律效力，教师必须遵守该规范所规定的每一个条款，做到依法执教。美国国会通过的《教育专业伦理规范》对于全美都具有法律效力，各州成文法不能与该规范相抵触。

第二，为了保证教师严格按照《教育专业伦理规范》的要求依法执教，美国教育部规定各州需要根据不同时期教育发展的需要，完善本州的教育法规。2016年，佛罗里达州对本州教育法做了进一步的完善，该州规定：学校委员会的政策文件中必须包括《教师职业道德行为标准》，同时包括审查、雇用以及终止教师资格的标准。此外，文件中还需包括教师及教育工作者执行其标准所需要履行的具体职责，违反职业道德标准的具体处理程序，以及对失范行为的惩罚措施等。为使政策落实到教师个人，学区监察长还负责对教师进行相关法规培训。根据州教育法，如果学区监察长没有将州教育法律文件按要求传达给教师及教育工作者，将会受到相关法律的制裁。此外，根据2016年佛罗里达州教育法的规定，该法规中所指的教师包括所有在学校工作的教育工作者，即校长、教师、教辅人员、学校志愿者等所有工作人员。

5）美国基础教育阶段教师职业侵权审查程序。美国基础教育阶段教师职业侵权审查程序包括五级州级调查和三类国家级调查。五级州级调查职业道德审查程序包括州教育长官指派调查组、商业部与职业监察部协同调查组调查、管理部行政管理司重审、教育实践委员会终审、上诉可以移交全国教育权利与责任委员会。

美国州基础教育阶段教师职业侵权审查程序第一级为教育长官指派调查组。根据2016年佛罗里达州教育法规定，州教育权利与责任委员会收到任何影响学生健康、安全、福利等方面关于教师行为不端的投诉，都需要迅速对事件进行调查，即便是投诉方撤回投诉，州教育权利与责任委员会也要继续调查。根据州教育法规定，州教育长官负责指派工作小组专门负责调查，州教育长官负责制定调查工作组的工作要求，其相关程序要等同于或超过商业部与职业监察部的工作要求。

美国州基础教育阶段教师职业侵权审查程序第二级为商业部与职业监察部协同调查组调查。州教育权利与责任委员会可以联合商业部与职业监察部的人员协同调查。在协同调查过程中，关于投诉的一切信息必须保密。若经调查认定投诉事实确凿，州教育权利与责任委员会将通知被投诉方、学区监察长和被投诉方所在学校。根据州教育法规定，对于教学失范事件，每个学区需要在 30 天内将事实记录在案，同时州教育权利与责任委员会将调查组上交的调查结果材料记录在案。如果学区监察长调查发现本区教师确实存在违反教师职业道德行为，并且情节严重到应该撤销其教师资格，需要按教育部规定要求向州教育权利与责任委员会上交所有材料。州教育权利与责任委员会将所上交的材料记录在案。

美国州基础教育阶段教师职业侵权审查程序第三级为管理部行政管理司重审。无论是州教育权利与责任委员会还是学区监察长所上交的材料，都需要由州管理部行政管理司重新进行审核。如果州管理部行政管理司在接收到的材料中发现有任何存在争议的事实，将指派州教育长官进行事实调查，调查材料与意见结果由州教育长官呈交给州教育实践委员会。若州管理部行政管理司对所上交材料没有疑义，将会把调查结果上交给州教育实践委员会。

美国州基础教育阶段教师职业侵权审查程序第四级为教育实践委员会终审。州教育实践委员会陪审团将对所提供的意见及材料进行终审判定，在执行终审之前需要咨询法律顾问。如果涉及教育部、被投诉方、公众的利益，经州教育长官同意，可以达成延期起诉协议，延期起诉协议需要在教育实践委员会备案后方能生效。但若涉及教育部规定的重大犯罪，则不得延期起诉。若经调查没有发现任何有关违反职业道德规范的可信证据，州教育长官将会驳回投诉。

美国州基础教育阶段教师职业侵权审查程序第五级为上诉可以移交全国教育权利与责任委员会。若被投诉方对州调查结果不服，可以提出上诉。依据佛罗里达州2016年法律条例的规定，所有执法机构、国家检察官、社会机构、地区学校董事会和行政听证部门应予以充分合作，将材料上交教育部进行进一步调查。在此过程中，除非法律授权，任何材料不得泄露。

美国三类国家级调查的审查程序对于州教育权利与责任委员会无法解决的案件，包括州悬而未决的投诉案件、影响波及全国的案件、州教育权利与责任委员会和地方委员会作为利害当事人的案件、争论涉及两个或更多州协会的案件，将上交国家教育权利与责任委员会进行进一步审查。国家级审查程序分如下三类。

美国基础教育阶段教师职业侵权行为国家级审查第一类：正规调查。任何因为涉嫌基础教育阶段教师职业行为被投诉或者任何声称自己作为教育工作者被否定专业权利的个人都可以向国家教育权利与责任委员会提出上诉。该委员会在确定正规调查时，首先需要通过如下标准认定该投诉是否符合正式调查的管辖权范围。第一，当事人对判决、裁定，认为确有错误的。第二，地方和州已经用尽所有手段未能解决的问题。第三，通过州法律资源或州管理程序未能解决的问题。第四，该问题只有通过国家级行动才能解决的。符合上述标准之一的投诉案件将获得国家教育权利与责任委员会的正式调查。国家教育权利与责任委员会收到书面投诉后，指派官方机构进行以事实为基础的全面调查，调查后形成正式报告。正式调查报告中需明确证明违反职业道德的行为是否发生。对于违反职业道德的行为，报告中需要明确惩罚措施、解决问题建议以及解决的最后期限。正式调查报告获得国家批准后，将由全国教育协会执行委员会进行相应制裁。

美国基础教育阶段教师职业侵权行为国家级审查第二类：教育法规专项研究。根据美国宪法个人享有诉讼权的规定，任何与纠纷结果有直接利害关系的个人、州或地方隶属机构以及其他组织，对国家教育政策法规存在质疑，都可以以书面形式向国家教育权利与责任委员会正式提出诉讼。该诉讼如果经委员会执行部部长审定，符合司法授权条件，接下来可以由州教育权利与责任委员会主席以委员会名义将委员会执行部部长裁定的材料以及诉讼当事人的相关材料提交给国家教育权利与责任委员会，国家教育权利与责任委员会决议通过后可以进行专项研究。专项研究的目的是澄清相关法律标准的含义或对其进行解释，探索教育法律领域中的一些模糊问题。专项研究由国家教育权利与责任委员会和其他机构一同合作完成，也可以由国家教育权利与责任委员会工作人员或由该委员会任命的工作组、研究团队、顾问团来完成。

美国基础教育阶段教师职业侵权行为国家级审查第三类：对调查人员进行调查。根据国家教育权利与责任委员会规定，任何个人或团体都可以对教师职业侵权调查过程中的工作人员提出投诉。在调查教师过程中，如果州教育权利与责任委员会成员被指控，该类案件将交付给全国教育伦理委员会副部长来处理。全国教育伦理委员会副部长需要首先确定该案件的司法管辖权范围，判断全国教育伦理委员会对该类案件是否有司法权。该委员会副部长需要根据教师专业伦理规范实施条例中所概述的要求来确定司法管辖权。根据该条例，美国投诉事件满足如下任何条件，该投诉事件司法管辖权将授权给美国全国教育伦理委员会：第一，两个或两个州协会及其成员存在争议的投诉；第二，州教育权利与责任委员会成员作为当事人被投诉；第三，地方或州一级无法得到解决的投诉；第四，引起全国关注的投诉；第五，经投诉方所在州教育权利与责任委员会同意或由该州委员会提交的投诉。

经确定该案件属于全国教育伦理委员会管辖权限范围，委员会副部长将提交案件给全国教育伦理委员会执行部部长，由其指派调查组对被投诉案件做进一步调查，调查报告提交给全国教育伦理委员会主席，并由该委员会主席在委员会成员中指定专人负责处理。

6）美国基础教育阶段教师职业侵权行为罚则。美国基础教育阶段教师职业侵权惩罚包括两种，分别为行政惩罚和刑事处罚。一般来说，所投诉的教师职业失范行为多为行政惩罚。行政惩罚内容根据失范行为严重程度划分，一般包括撤销教师资格、调离岗位、限制教师教育资格范围、调整岗位、行政罚款、退还非法所得、取消退休金等。若调查事实涉及刑事处罚，则直接由教育实践委员会上报相关部门进行处理。

根据美国 2016 年佛罗里达州教育法规定，如果被举报的教师经各部门确认存在职业侵权行为，如影响到学生健康、安全、福利等，在对其进行诉讼及制裁决议完成之前，学区监察长要与学校校长磋商，或者按教育权利与责任委员会规定，对该任职教师作出调离岗位、休假或转到与教学无关的工作岗位的处理。经州教育调查组调查取证后，确认举报属实，州教育长官将根据州教育法第 120 条规定，正式对该教师向教育实践委员会提出起诉。教育实践委员会的陪审团及法律顾问根据教育法规定，对职业失范教师作出终审决定。

2016 年佛罗里达州教育法在教师行政惩罚内容中增加了最新条款——教师留职察看并接受培训考核，即通过培训和考核的方式给职业行为失范的教师一次补救机会。根据 2016 年佛罗里达州教育法规定，在留职期间，行为失范教师需要服从教育权利与责任委员会如下安排：尽快通知教育部调查办公室其在佛罗里达州教育职位任期或期满情况；由教育检察长将其年度报告呈交给教育部调查办公室；向教育权利与责任委员会支付培训考察期间所产生的所有管理费用；不违反法律，遵守所有学区委员会政策、学校法规、州教育部法规；以优秀和专业的表现完成所指派的任务；承担委员会终审条款所产生的全部费用。[1]

斯密斯研究发现，1970—2004年所有中小学教师过失侵权案件中，被告获胜的比例是54%。兹喏科尔和科拉科研究发现，在1990—2005年幼儿园到12年级校园侵权行为案件中，学区获胜比例为81%，在2010年过失侵权案件中，78%的案件为地方教务委员会获胜。

（三）对已有研究的评价

通过文献梳理与理论探析可以发现，国内外学者多从法学角度、伦理学角度就基础教育阶段教师侵权行为展开研究。就基础教育阶段教师侵权内容，国内学者根据民法进行研究比较多。美国、英国基础教育阶段教师作为国家公务人员，其职业侵权行为是采用法治化进行管理。英美两国在基础教育阶段教师侵权行为治理主体、治理内容、审查程序、结果处理、具体罚则、政策制定体制以及政策实施保障等方面都相对成熟、全面、系统，相比之下，国内研究存在如下不足。

1. 迄今为止，我国没有专项防范和规制基础教育阶段教师侵权行为的成文法

通过文献调查我们发现，迄今为止，我国没有专项防范和规制基础

---

[1] 赵阳，周浩波. 美国教师职业道德法制化管理对我国的启示——以佛罗里达州为例[J]. 辽宁师范大学学报（社会科学版），2017（7）：80-85.

教育阶段教师侵权行为的成文法。已有的关于基础教育阶段教师侵权行为的研究，从法律角度研究比较多，但是其内容不够深入，可操作性不强，学者多根据《民法典》《教师法》《儿童保护法》《未成年人保护法》以及教育部发布的政策，对基础教育阶段教师侵权行为内容进行研究。从权利侵害角度，我国侵权行为立法采用的是结果违法说，对于间接伤害没有立法规定。相比之下，在权利侵害角度上，欧美国家采用的是结果违法说和间接违法说。结果违法说无法有效保护未成年学生的物质权利、精神权利、公共利益。迄今为止，还未发现有学者针对未成年学生自身的特点及基础教育阶段教师作为公职人员这一职业特点进行基础教育阶段教师侵权行为的研究。已有的研究没有提出未成年学生被侵权与成年人被侵权的本质区别。学前及中小学生作为未成年人，其身心发展还不成熟，基础教育阶段教师侵权对学生所带来的潜在伤害无法按法律以伤害事实后果来取证，也无法用成人伤害事实后果的标准来衡量。基础教育阶段教师侵权行为研究的重要性，不仅体现为它可以保护未成年学生现时之利益，还体现为它对于未成年学生今后的成长具有重要意义。因为从医学、健康学、心理学、神经性等学科角度来看，未成年学生遭受物质、精神、公共利益侵犯后，其潜在的身心创伤可能终身不会消除。未成年学生遭受精神伤害、物质伤害、公共利益伤害，未来可能导致其发育迟缓、厌学、人格欠缺，甚至产生自杀倾向。为此，当前关于基础教育阶段教师侵权行为的研究需要进一步深入。本书针对未成年学生自身的特点及基础教育阶段教师作为人民公职人员这一职业特点进行侵权行为研究，弥补了侵权行为在间接伤害方面相关研究的不足。

2. 从教育政策角度来看，已有的研究对于教师侵权行为在防范和规制内容、政策实施、审查程序及惩治等方面都存在不足

从教育政策角度来看，已有的文献对于基础教育阶段教师侵权行为内

容的研究不全面，可操作性不强，特别是在具体审查程序和惩治措施方面缺乏针对性研究。缺少基础教育阶段教师侵权行为惩处机制方面的研究。在基础教育阶段教师侵权行为预防保障机制方面研究也存在不足。特别是，在仅有的对基础教育阶段教师侵权研究的文献中，并没有学者从基础教育阶段教师作为公职人员的角度对侵权行为进行研究，缺少针对维护基础教育阶段学生公共利益方面的研究，缺少依据基础教育阶段教师职业特点以及未成年学生身心特点进行基础教育阶段教师侵权行为的研究。

3. 缺少科学的基础教育阶段教师侵权行防范和规制理论体系

通过文献调查我们发现，以往对于基础教育阶段教师侵权行为的理论研究可以分为三种情况，第一种是从已有法律借用过来的，比如《民法典》《教师法》《儿童保护法》《未成年人保护法》及教育部发布的政策，这些研究的主要代表为各部门从事教育管理的行政人员。第二种是借鉴国外的经验，比如美国、日本、英国的教师侵权政策管理举措以及最新的理论。第三种是从医学角度展开研究。然而以上研究都没有反映出基础教育阶段教师侵权行为独特的范畴逻辑，较高层次的理论需要有自己独特的理论体系。本书采用科学的方法论，探讨基础教育阶段教师侵权行为的核心概念。以法伦理学理论为支撑，对基础教育阶段教师侵权行为进行研究，弥补以往研究的不足。

四、研究方法和研究思路

方法论与方法不同。方法论是研究背后的理论，也是研究方法背后的理论。方法是解决思想、行动的途径、程序、手段和技巧，是具体的方法。

提到方法论，不能不谈到逻辑学。逻辑学是关于思维形式、思维过程、思维内容、思维推理方法的理论。各门科学要揭示其研究领域和研究对象的规律，其理论思维就要符合逻辑规律。❶ 科学的研究方法逻辑思路为：首先探讨这种范式的哲学基础，其次探讨范式本身，最后探讨具体研究方法。❷ 本书遵循该逻辑规律：首先，从哲学角度，对本书的本质概念进行研究；其次，根据新范式方法论，对研究过程方法论进行研究；最后，对本书的具体研究方法进行描述。

（一）概念本质研究的方法

1. 概念内涵的研究方法

概念是对事物本性与本质属性的表达。除了解事物的本质属性之外，还需要了解非本质属性。概念的表达方法包括两种：静态表达方法和动态表达方法。静态表达方法是形式逻辑概念内涵的属加种差方法。动态表达方法是从主体、内容、途径、形式、后果进行概念界定。本书概念研究坚持理论思维与逻辑统一原则、动态与静态统一原则、本质与现象统一原则。

2. 概念外延的研究方法

根据黑格尔的观点，本质必定有所映现，而映现的发展就是现象。人只有通过现象才能认识事物的本质，从而把握事物发展的规律。概念的本质内涵是用来揭示事物本质属性所显示的主要特征。然而，现象是概念的外延，是本质概念内涵在领域和层次上的一种外在表现形式。周

---

❶ 郭元祥. 教育逻辑学 [M]. 北京：人民教育出版社，2003：5-20.
❷ 孙绵涛. 西方范式方法论的反思与重构 [J]. 华中师范大学学报（人文社会科学版），2003（12）：110-125.

严的概念外延应从三方面来把握，分别为领域、范围、层次。概念外延的研究方法包括三种：第一，体系研究。第二，找出本质概念不是什么。第三，相近概念辨析。本书采用两种方法对概念的外延进行论述，第一种是体系研究，第二种为概念辨析。

本书基础教育阶段教师侵权行为类型研究体系包括三方面：物质侵权、精神侵权、公共利益侵权。逻辑体系包括三种关系：递进分析、对应分析、因果关系。

（二）研究过程方法论

我国学者孙绵涛经过科学论证，在其文章《西方范式方法论的反思与构建》中提出新范式方法论，"范式范畴是现象学范式、解释学范式、批判理论范式、建构主义范式和符号互动范式五种范式的统一"[1]。这五种范式的统一反映了一个完整的研究过程所体现出的逻辑。新范式方法论是基于马克思主义哲学对范式及其相关范畴的分析得出的，是对马克思主义哲学方法论的继承，也是马克思主义哲学方法论在教育实践中的发展，是一种马克思主义哲学方法。本书研究过程采用新范式方法论。

根据现象学范式，必须重视对客观现实世界的研究，采用客观的方式描述现实世界的真实状况。本书的理论方法论来自胡塞尔的现象学范式。

解释学范式是一种定性研究范式，主要有三方面理念：一是境域感与遭遇，即研究者接触被试所处的境域，能够对被研究者的遭遇感同身受；二是意义，指研究者从部分访谈者角度出发，对其历史与社会共同性意义予以把握；三是解释，指研究者通过与被研究对象就研究问题进

---

[1] 孙绵涛. 西方范式方法论的反思与重构 [J]. 华中师范大学学报（人文社会科学版），2003（12）：110 – 125.

行深度接触，能够对整体研究的意义具有全面把握。研究者通过自己的价值判断，描述出被试整个群体所存在的共同的境域感和共同的理解。❶本书的理论方法论为解释学范式。

批判理论范式有三种理念：一是对意识形态的批判；二是理论与实践的关系；三是意义与结构的辩证关系。❷批判理论范式告诉人们：科学的研究，应从宏观的社会层面批评一些理所当然的现象。通过把握研究对象的特质进行研究。本书采用了一些网络上发布的关于教师侵权行为的新闻报道，将文本与本书以及社会联系起来，透过对社会现象的批判，从学生身心健康角度以及教育公共利益角度形成普遍意义上的教师侵权行为构成类型。

建构主义范式要求科学的研究不仅需要解释、批判，而且需要重新建构，通过对已有研究材料和理论进行分析，根据现实世界的境况，建构更有价值的理论。本书在对已有教师侵权行为现象批判的基础上，根据世界各国既有对于侵权行为危害的研究，建构了基础教育阶段教师侵权行为危害分析理论。

符号互动范式强调研究者不能凭主观判断，要分析被研究者的角色、被研究者角色背后的社会结构。❸本书在依据符号互动理论，从宏观、中观、微观角度提出了防范与规制教师侵权行为的对策。

(三) 资料收集的方法

本书资料收集使用了文献法、访谈法和问卷法。

---

❶ 孙绵涛. 西方范式方法论的反思与重构 [J]. 华中师范大学学报（人文社会科学版），2003（12）：110-125.

❷ 孙绵涛. 西方范式方法论的反思与重构 [J]. 华中师范大学学报（人文社会科学版），2003（12）：110-125.

❸ 孙绵涛. 西方范式方法论的反思与重构 [J]. 华中师范大学学报（人文社会科学版），2003（12）：110-125.

1. 文献法

本书采用文献法，通过学校图书馆、中国期刊网、优秀硕士与博士论文数据库以及美国教育部官网、英国教育部官网、联合国教科文组织官网等数字资源，收集查阅大量文献资料，对其进行概括、总结，并作出归纳、整理与评价，找到已有研究的不足，提出法伦理学视角下基础教育阶段教师侵权行为防范指标体系的理论假设。运用文献法，抽象出我国基础教育阶段教师侵权行为防范与规制的理论框架。同时，也利用基础教育阶段教师侵权行为防范与规制的理论框架，发掘了美国和英国在基础教育阶段教师侵权行为治理上的原始文献材料，研究了大量国外外文原始材料以及其他一些学习理论，为后续研究提供了理论支持。

2. 访谈法

访谈法是质性研究中最主要的收集资料的方法。通过深入交谈，鼓励受访者以口头语言形式叙述自己的经历。本书采用凯西·卡麦兹的扎根理论方法，通过数据收集、初始编码、聚焦编码和理论编码等步骤，获取未成年学生侵权事件相关结构要素，结合本书理论框架，探究教师侵权行为类型关系。访谈法旨在探查实践中问卷调查法无法触及的深层次问题，即当前我国基础教育阶段教师对学生侵权行为类型的调查。本书主要采用深入访谈法，对 20 多名未成年学生开展直接访谈调查，了解当前中小学师生交往中遭遇的一些侵权行为，选取其中具有代表意义的典型事例进行描述。此外，为了解基础教育阶段教师侵权行为形成的原因，本书进一步访谈了基础教育阶段教师和教育行政人员，获取了相关的政策文件及现状信息。

3. 问卷法

问卷法是调查研究方法的一种，通过将基础教育阶段教师侵权行为条目制成统一的问卷，通过书面形式向调查对象收集资料。本书采用自编调查问卷，通过问卷星随机调查了 1681 名家长。

（四）资料分析的方法

本书所采用的资料分析方法包括质的资料分析方法和量的资料分析方法。首先，收集文献后，本书采用质的分析方法，即概念本质研究方法论和研究过程范式方法论，从具体的文献中抽象出本书的概念和理论体系。其次，收集资料后，采用量的分析方法，完成从抽象到具体的过程。具体包括：在采用访谈调查法、问卷调查法收集资料后，采用扎根理论资料分析方法和 SPSS 21.0 数据分析方法，验证理论的信度和效度。最后，运用综合的方法，根据实践中存在的问题，提出理论，利用理论来指导实践，解决实践问题。

（五）研究思路

本书内容包括三部分：第一部分理论梳理。第二部分实证调查。第三部分解决对策。全书除导论外，分为七个章节。第一章是基础教育阶段教师侵权行为防范与规制的概念解析。第二章为基础教育阶段教师侵权行为防范与规制研究的理论基础。第三章是基础教育阶段教师侵权行为防范与规制类型划分。第一章、第二章和第三章为本书的理论探索部分。第四章与第五章为理论照进现实部分。第六章为基础教育阶段教师侵权行为防范与规制必要性，分析侵权行为对学生大脑发育、人格成长、身心健康的不良影响。第七章为解决基础教育阶段教师侵权行为防范与规制的对策。第八章为本书的研究结论。详见图 1。

导 论

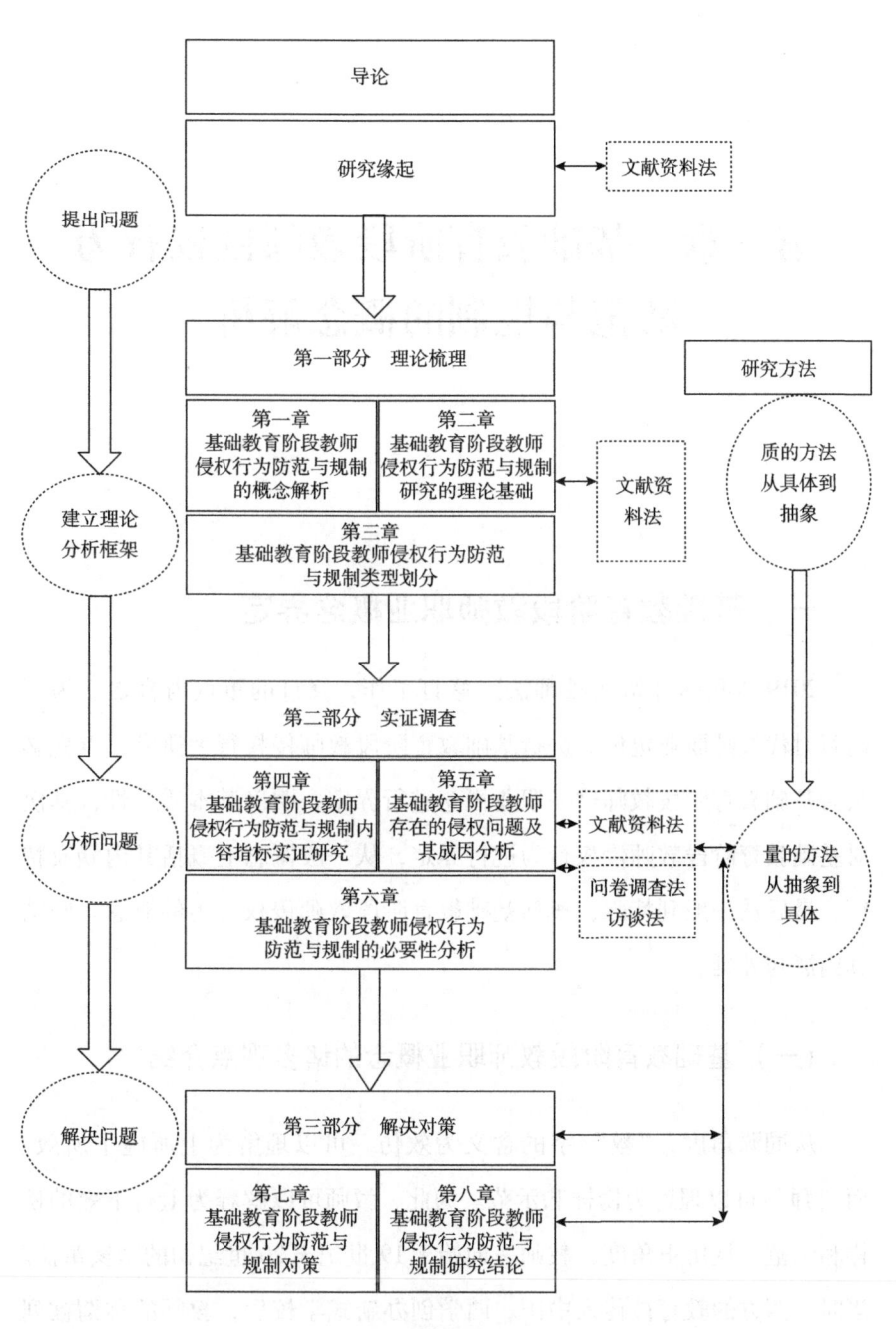

```
                        ┌─────────────┐
                        │    导论      │
                        └──────┬──────┘
                               │
                        ┌──────▼──────┐      ┌──────────┐
   ┌─────┐              │   研究缘起   │◄────►│ 文献资料法│
   │提出 │              └──────┬──────┘      └──────────┘
   │问题 │                     │
   └──┬──┘                     ▼
      │               ┌─────────────────┐
      │               │ 第一部分 理论梳理 │       ┌──────────┐
      │               └─────────────────┘       │ 研究方法  │
      │               ┌────────┬────────┐       └──────────┘
      │               │ 第一章  │ 第二章  │
      │               │基础教育 │基础教育 │        ┌──────────┐
      │               │阶段教师 │阶段教师 │        │ 质的方法  │
      │               │侵权行为 │侵权行为 │◄──┐    │ 从具体到  │
      │               │防范与规 │防范与规 │   │    │  抽象    │
      │               │制的概念 │制研究的 │   │    └──────────┘
      │               │  解析   │理论基础 │   │
   ┌──▼──┐            └────────┴────────┘  ┌─▼──────┐
   │建立 │            ┌─────────────────┐  │文献资料│
   │理论 │            │     第三章       │  │   法   │
   │分析 │            │基础教育阶段教师  │  └────────┘
   │框架 │            │侵权行为防范      │
   └──┬──┘            │与规制类型划分    │
      │               └────────┬────────┘
      │                        ▼
      │               ┌─────────────────┐
      │               │ 第二部分 实证调查 │
      │               └─────────────────┘
      │               ┌────────┬────────┐
      │               │ 第四章  │ 第五章  │
      │               │基础教育 │基础教育 │
      │               │阶段教师 │阶段教师 │        ┌──────────┐
      │               │侵权行为 │存在的侵 │◄────►  │文献资料法│
   ┌──▼──┐            │防范与规 │权问题及 │        └──────────┘
   │分析 │            │制内容指 │其成因分 │
   │问题 │            │标实证研 │  析     │        ┌──────────┐
   └──┬──┘            │   究    │         │        │ 量的方法 │
      │               └────────┴────────┘        │ 从抽象到 │
      │               ┌─────────────────┐        │  具体   │
      │               │     第六章       │◄────►  └──────────┘
      │               │基础教育阶段教师  │        ┌──────────┐
      │               │侵权行为防范与规  │        │问卷调查法│
      │               │制的必要性分析    │        │  访谈法  │
      │               └────────┬────────┘        └──────────┘
      │                        ▼
   ┌──▼──┐            ┌─────────────────┐
   │解决 │            │ 第三部分 解决对策 │
   │问题 │            └─────────────────┘
   └─────┘            ┌────────┬────────┐
                      │ 第七章  │ 第八章  │
                      │基础教育 │基础教育 │
                      │阶段教师 │阶段教师 │
                      │侵权行为 │侵权行为 │
                      │防范与规 │防范与规 │
                      │ 制对策  │制研究结论│
                      └────────┴────────┘
```

图 1　本书研究设计

· 51 ·

第一章 基础教育阶段教师侵权行为防范与规制的概念解析

一、基础教育阶段教师职业概念界定

2019年我国开始《教师法》修订工作，修订的重点内容之一为明确新时代教师职业定位。进行基础教育阶段教师侵权行为研究，首先必须对基础教育阶段教师这一职业概念进行界定，明确其本质属性；其次对基础教育阶段教师侵权行为进行界定，从一般概念上概括其内涵及特征；最后从一般到特殊，概括基础教育阶段教师侵权行为的概念，归纳其内涵与外延。

（一）基础教育阶段教师职业概念的诸多观点介绍

从词源角度，"教"字的含义为效仿，可以理解为上所施下所效，而"师"可以理解为榜样和示范。为此，教师可以解释为上行下效的榜样和示范。从历史角度，教师一词始于19世纪末20世纪初的辛亥革命。当时，西方的教育被传入中国。西学创办新式学校后，教师的称谓被列入学校"学生操行规范"。此后，教师这个称呼在中国兴起。教师的称谓从国民政府时代开始一直沿用至今。关于教师的概念界定，国内绝大多数研究者以教育学阐释为主线，包括介绍教师概念、对教师职业的认识、教师教育过程和教师课程设计等。对教师概念的解释集中于传统静态隐喻视角，概念定义陈述居多，如"蜡烛""园丁""工程师""灯塔""摆渡人"等传统教师隐喻。❶使传统的教师成为学生灵魂的启蒙者、人生的指导者、模范的学习者。然而，唐松林等学者提出，传统教师隐喻所隐含的教师角色神圣化，使整个学校教育的职业责任与实践义务隐蔽化，忽视了师生关系平等、学生自由学习与自然成长的空间，导致盲从式的知识灌输和标准模式化的个性践踏。

随着时代的进步，社会的发展，教师作为一个职业，所面对的教育问题也在变化。关于教师职业的概念，从道德角度无法界定其职业行为的边界。冯婉桢提出："从道德角度，我国学者对于教师的职业概念的界定缺少清晰的边界。教师职业概念与教师活动中的经济、政治、法律、技术、语言这些非道德规范有所混淆。这些混淆不仅造成了人们对教师职业认识混乱，还给教师职业实施带来了困难。"❷

为了明确基础教育阶段教师职业的边界，我国《教师法》从教师的职业内容、职业目标、职业性质角度提出教师的职业使命。关于基础教育阶段教师职业权利、义务和职责，我国教育部政策研究与法制建设司所编写的《中华人民共和国义务教育法释义》中也进行了解释。然而，已有的法律将基础教育阶段教师的职业定位为一种职业理想，缺少明确的职业边界，教师在教育实践中对其职业无法进行自我检验，更无法通过具体行为标准判断职业目标的实现程度。

---

❶ 郑红莲，王馥芳. 教师概念理想认知模型建构阐释 [J]. 云南民族大学学报（哲学社会科学版），2016（1）：155-160.

❷ 冯婉桢. 教师职业道德规范的边界 [J]. 教师教育研究，2009（1）：16-20.

2018年1月31日，中共中央、国务院对基础教育阶段教师的职业边界进行了重新定位，发布了《关于全面深化新时代教师队伍建设改革的意见》，确立了公办基础教育阶段教师作为国家公职人员的特殊法律地位。2022年《教师法》（修订草案）中，也确立了公办中小学教师作为国家公职人员的特殊身份。该界定缺少对民办基础教育阶段教师的定位。随着民办教育事业的兴起，我们国家民办基础教育阶段教师的数量不断增加。显然，将民办教师排除在外，只确立公办基础教育阶段教师作为国家公职人员的法律地位是不全面的。该意见难以规范民办基础教育阶段教师任职时期的职业行为。

公办基础教育阶段教师和民办基础教育阶段教师服务的对象为人民，服务的内容为义务教育事业，其事业的性质为公益事业。《教育法》《民办教育促进法》《国际教育公约》以及联合国教科文组织都明确了基础教育等同于义务教育，义务教育阶段作为公益事业是毋庸置疑的。无论公办教育还是民办教育都属于公益事业，必须符合国家和社会公共利益。❶ 而公益是基础教育领域每个学生所追求的公共利益，为平等、义务、慈善、福利、健康、救助、安全等利益的总称，其对立面是个人的私利和私益。因此，公办基础教育阶段教师和民办基础教育阶段教师可以被统称为服务于基础教育公益事业的公职人员。

（二）基础教育阶段教师职业的概念确定

确立基础教育阶段教师职业概念之前，需要了解人本质的内涵，然后，由人本质的内涵分析基础教育阶段教师作为公职人员的本质内涵。关于人的本质内涵，马克思在费尔巴哈提纲中有一句名言，"人的本质

---

❶ 教育部. 教育部有关负责人就《民办教育促进法》修改情况答记者问 [EB/OL]. [2017-04-11]. http://www.moe.gov.cn/jyb_xwfb/s271/201611/t20161107_287961.html.

第一章　基础教育阶段教师侵权行为防范与规制的概念解析

在现实性上是社会关系的总和"。人的物质权利和精神权利是人生存、发展所需要的最基本的权利。而人是社会中的人，人的生存和发展同样离不开社会关系。人的物质和精神需要通过社会实践活动来实现。社会实践得以运行的先决条件是每个人能够维护大家的共同利益，即公共的物质权利和精神权利。公共利益是保障组织、政府或国家正常运行的必要条件。每个人的物质利益和精神利益的实现，都离不开人所在的组织、政府或国家。同理，基础教育阶段教师的物质利益和精神利益的实现，同样离不开其所在学校、政府或国家的利益。因此，维护基础教育的公共利益是保障基础教育中所有相关利益共同体物质权益和精神权益的前提。

公共利益与私人利益之间的利益冲突是公共权力发生腐败的重要根源。根据经济合作和发展组织的观点，只要公职人员所追求的私人利益影响到他们正在履行的公共利益，利益冲突就会发生。经济合作和发展组织提出，预防公职人员权力腐败要求公职人员坚持利益冲突避免原则，防止个人利益破坏公职人员所应维护的公共利益。因此，公职人员具有公共利益冲突避免义务。[1]

通过以上论述，本书从公共利益冲突避免角度将基础教育阶段教师职业界定为：基础教育阶段教师是在基础教育领域，公职从事教育教学的人员，代表人民行使教育权利、义务，承担公共教育责任，维护基础教育中每个学生的物质权利、精神权利、公共利益，在其职责的边界内对学生实施教学的公职人员。

---

[1] 庄德水.利益冲突：一个廉政问题的分析框架[J].上海行政学院学报，2010(9)：95-101.

二、基础教育阶段教师侵权行为防范与规制概念界定

(一) 基础教育阶段教师侵权行为概念的诸多观点介绍

迄今为止,没有发现基础教育阶段教师的侵权行为官方概念界定。我国学者关于基础教育阶段教师侵权行为概念的研究,大多是通过对已有的法律进行引申。例如,柳倩华从民法角度引申出基础教育阶段教师侵权行为的概念,将其侵权行为的地点放在我国中小学的校园中,把行为的主体定为教师,把侵权的内容规定为财产权和人身权。韩晓琴、蔡安明、江志武等以《民法典》为依据,提出教师在校园伤害中承担侵权责任。赖勤、孙晋晋等学者根据已有的法律,如《宪法》和《未成年人保护法》等,提出基础教育阶段教师在教学过程中存在的侵权行为种类。这样定义在内容上并不全面,学生的权利除了财产权、人身权之外,还应该包括受教育权、言论自由权、休息权、平等权、隐私权等。以上定义难以认定与解决当前存在的诸多教育侵权现象,如超负荷作业、节假日和休息日课外辅导、侮辱型处罚学生、按成绩分班、按成绩分考场、按成绩排座位、收费任命班干部、收座位费、有偿小班课等。

(二) 基础教育阶段教师侵权行为防范与规制内涵的确定

基础教育阶段教师侵权行为防范与规制的概念需要从侵权行为防范与规制的对象、内容、后果以及治理形式五方面进行界定。

关于侵权行为防范的对象。本书防范对象范围是基础教育阶段教师。根据《教师法》的界定,教师的范围仅限于培养学生的教书人员。然而,从侵权角度,在校园环境中,侵权主体不限于任教的教师,还包

第一章　基础教育阶段教师侵权行为防范与规制的概念解析

括教育管理人员，如校长、教导主任、教辅人员等。为了全面概括未成年学生侵权行为的主体，本书所提出的基础教育阶段教师侵权行为主体为在基础教育领域从事教育教学的公职人员，主要为工作于普通学前教育机构、中小学、中等职业学校（含技工学校）、特殊教育机构、少年宫以及地方教研室、电化教育、民办学校等机构的基础教育阶段教师，包括中小学教育行政人员（校长、教导主任）和教学人员（班主任、科任教师）、教辅人员（校务工作者等）。侵权行为的客体是全国范围内的未成年学生，即未满 18 周岁的儿童。

关于侵权行为防范的内容。基础教育阶段教师作为人民教师，其工作性质表现为服务公共利益，这是由基础教育的性质决定的。基础教育的公益性决定了基础教育阶段教师在工作中有义务避免利益冲突。当基础教育阶段教师由工作引起的私人利益可能会影响其职责与义务的时候，腐败容易发生。因此，基础教育阶段教师有义务为了基础教育公共利益，避免这样的利益冲突，放弃在工作中谋取私人利益。否则，基础教育阶段教师的行为就侵犯了公共利益。利益冲突避免义务要求基础教育阶段教师在教学过程中避免侵犯未成年学生的精神权利、物质权利，以及全体学生的公共利益。

侵权防范的依据，侵权为法律术语，需要以国家成文法律法规为依据和准则。本书以如下法律文件、政策法规、法理原则为依据和准则：《民法典》《治安管理处罚法》《危险化学品安全管理条例》《宪法》《教师法》《义务教育法》《中小学教师职业道德规范》《关于全面深化新时代教师队伍建设改革的意见》等。

关于侵权行为的后果。本书涉及对未成年学生的身心健康、个人财产、隐私、受教育权、公共利益等方面的伤害及潜在伤害，根据伤害的程度，侵权行为将会承担相应罚责。因此，需要明确儿童虐待行为的法律责任。

通过以上论述,本书提出基础教育阶段教师侵权行为防范与规制的概念。基础教育领域从事教育工作的从业人员包括工作于普通中小学、中等职业学校(含技工学校)、特殊教育机构、少年宫以及地方教研室、电化教育、民办学校等机构的基础教育阶段教师、中小学校长、学校主任、班主任、科任教师以及从事教育教学相关的教育工作者,在教学过程中应防范如下侵权行为:出于故意或无意目的,在工作时间内或工作时间外,利用其职务侵犯未成年学生的合法权利,导致学生的身心健康、人格健康、个人财产、平等权、受教育权、公共利益等方面遭受损伤,该行为是法律禁止行为,一旦触犯,就需要承担其相应的罚责。

三、基础教育阶段教师侵权行为防范与规制概念内涵

任何事物都有静态和动态两种状态。事物的性质是反映事物的内在本质,表现为静态的特征。而事物的状态是事物的外在特征,表现为动态的特征。为了更全面地分析基础教育阶段教师侵权行为防范与规制的概念,需要从性质和状态两方面分析其概念的内涵。

(一)基础教育阶段教师侵权行为防范与规制概念的性质分析

基础教育阶段教师侵权行为防范与规制概念的性质分析可从防范与规制的对象、内容、途径三方面进行分析。

从对象上分析,基础教育阶段教师侵权行为防范的第一内涵是基础教育阶段教师作为公职人员侵犯学生的权利。从性质上来说,为了维护学生的利益,首先需要立法确立基础教育阶段教师作为公职人员的特殊法律地位,基础教育中的公共利益是需要通过教师来实现的。如果基础

教育阶段教师在行使公共权力的时候利用职位获取个人利益，那么教育就会市场化，成为牟利的场所，基础教育阶段教师与学生之间的关系有可能会成为金钱关系、雇佣关系等，腐败将会发生。因此，确立基础教育阶段教师作为公职人员的法律地位，是保障基础教育领域公共利益的保障。

从内容上分析，基础教育公共利益的内容包括未成年学生的物质权利、精神权利、公共利益权利。未成年学生是基础教育的主体，是基础教育公共利益的受益主体。未成年学生权利的实现，也是基础教育公共利益的实现。保障基础教育公共利益需要保障未成年学生的权利，避免基础教育阶段教师侵权行为的发生。

从途径上分析，权利的实现需要法律法规作为保障。法律是国家强制力保证执行的行为准则，法律规范包括三个主要的要件，即假定、处理、罚责。引申到基础教育阶段教师侵权防范与规制，就是治理基础教育阶段教师侵权，必须首先有治理基础教育阶段教师侵权行为可适用的法律规范，这就是假设的要件；处理是指规范基础教育阶段教师职业行为本身的基本要求，即以权利和义务的形式规定基础教育阶段教师应当做什么，禁止做什么。罚责要件是指在基础教育阶段教师行为法律法规中，规定基础教育阶段教师违反法律规定时应当承担何种法律责任、接受何种国家强制措施。假定、处理和罚责三要素密切联系、缺一不可，否则就不能构成法律规范。

（二）基础教育阶段教师侵权行为防范与规制概念的状态分析

状态反映事物的动态。基础教育阶段教师侵权行为防范与规制可以从应然与实然两方面来分析。

应然是对基础教育阶段教师侵权行为概念应该状态的一种分析。基础教育阶段教师侵权行为概念的应然状态是通过对基础教育阶段教师侵权行为的规定来保护全体未成年学生的精神健康、人身健康、个人安全、公共利益等。基础教育阶段教师侵权行为的应然状态还需要国家采用法律的方式防范与制衡，需要国家确立基础教育阶段教师侵权行为防范与规制管理主体权责的独立。所有这些都是应然状态，即法律规定应该是这样的状态。从应然角度分析，从主体上来说，基础教育阶段教师应是法定的从事基础教育的公职人员。从侵权内容防范与规制上来说，侵权应该包括物质侵权、精神侵权、公共利益侵权。从治理形式上来说，侵权应该是作为法律禁止的规范。从时间上来说，侵权包括工作时间内与工作时间外。侵权的对象是基础教育阶段教师所教授的学生。

实然对应的是基础教育阶段教师侵权行为的现实状态，即在基础教育现实中，基础教育阶段教师侵权行为的实然状态。基础教育阶段教师侵权行为研究的实现需要立足于现实研究的方法和措施。这项研究能够有效预防基础教育阶段教师侵权行为，纠正当前基础教育领域存在的侵权行为。在实践教学生活中，基础教育阶段教师侵权行为导致许多问题。不公平问题：教育进度不统一、教育资源不平等、受教育机会不均等、受教育权利不平等、贫困生没有改变命运机会、按成绩排座、排考场歧视性差别对待、过度的课业负担、唯分数的评价方式等。学生身心健康问题：学生身心疲倦、压力过度、心情焦虑，导致学生抑郁、厌学甚至自杀等。基础教育阶段教师侵权行为研究是从实然状态了解教师侵权行为的危害，然后回归到应然状态，采用法律手段确保应然状态的实现，避免实然状态进一步恶化。

四、基础教育阶段教师侵权行为防范与规制概念外延

界定基础教育阶段教师侵权行为防范与规制概念外延首先需要辨析基础教育阶段教师侵权行为与教师侵权行为之间，明确在影响对象、内容层面之间的差异。此外，明确基础教育阶段教师侵权行为防范与规制的外延，必须明确基础教育阶段教师侵权行为与基础教育阶段教师职业道德行为在治理主体、触犯内容、罚责上的异同。

（一）基础教育阶段教师侵权行为与高中和高等教育阶段教师侵权行为

1. 影响对象不同

基础教育阶段教师与高等教育阶段教师虽然都为教师，但是在侵权对象影响上不同。基础教育阶段教师所面对的群体为未成年学生。根据皮亚杰认知发展理论，儿童认知发展经历图式、同化、顺应、平衡四个阶段。未成年人早期认知发展的主要权威就是教师，基础阶段教师的行为会影响儿童是否形成健康的早期认知。10岁前的儿童，即学前，小学一、二、三年级学生，其认知处于外在道德阶段。在这个阶段，儿童倾向于把规则看作一成不变的、无法协商的、必须服从于指定规则的大人。10~17岁的儿童，即小学四年级之后到初高中毕业的学生，其道德推理从外在道德转向自律道德。在这个阶段，儿童开始意识到规则的灵活性，但是同样依赖教师权威。科尔伯格的理论同样可以解释基础教育阶段教师对学生的绝对影响。根据科尔伯格的道德发展阶段理论，未成年学生处于习俗道德与后习俗道德阶段，在这个阶段，道德认知为忠诚

和赞许。未成年学生试图遵守的社会规则是父母和教师提出的，基础教育阶段教师的个人行为标准将潜在地成为未成年学生的行为标准。学前及中小学教师错误的、失范的行为将会成为潜在的课堂，误导未成年学生，使未成年学生形成一些错误的观念。相较之下，成年学生在认识与道德发展上处于独立阶段，他们有成熟独立的判断能力，认为规则是个体与平等的他人合作发展起来的，而非仅仅服从权威的规定。

2. 影响内容不同

第一，在知识获取方式上，未成年人与成年人有很大差异。林崇德研究发现，未成年学生元认知能力还不成熟，学习的自觉性和主动性还不持久，经常会被学习之外的困扰影响。未成年学生在遇到学习困难的时候，有为难情绪，甚至会丧失信心，这需要中小学教师进行指导与帮助。在学习策略培养方面，如复述策略、精加工策略、组织策略、计划策略等，中小学阶段是关键期。相较之下，高中阶段的学生已经形成自己的学习策略。当未成年学生学习出现问题时，如果中小学教师否定其学习能力，采用暴力、侮辱、虐待的方式，不仅不利于学生形成正确的自我认知，而且不利于学生形成科学的学习策略，甚至对学生一生的人格健康带来不良影响。

第二，在情感上，从未成年人身心发展特点上来看，未成年学生情绪处于两级阶段，会出现两种对立的情绪体验。基础教育阶段教师的行为会对未成年学生的情绪产生较大的影响。例如，未成年学生面对考试时既兴奋又不安，考试结束后既轻松又担心。当取得好成绩后，未成年学生情绪愉快，行为表现上以自我为中心。考试失败后，未成年学生则会痛苦、烦恼，陷入悲观的情绪。因此，在中小学阶段，如果教师按成绩分班、分考场、排座位，因为成绩歧视学生、差别对待学生，

第一章　基础教育阶段教师侵权行为防范与规制的概念解析

会在情感上给未成年学生带来严重伤害，甚至会给未成年学生内心带来长期伤害，破坏学生的自信心、学习动力、人际交往能力、自我认同感，给未成年学生人格健康带来终身的不良影响。而成年学生的情绪比未成年学生更为稳定，理性思维逐渐形成，他们会客观分析自己的得失成败。所以，基础教育阶段教师的侵权行为对未成年学生的影响是不可忽视的。

第三，在道德感发展方面，未成年学生处于同情心、责任心、羞耻和内疚的发展过程。根据陈红兵、申继良、杨丽珠、胡金生等学者的研究，未成年学生的情感发展是从外化到内化的过程。首先，从情感发展角度，未成年学生同情心形成的过程是从同情体验发展到同情理解，最后到同情行为。基础教育阶段教师按分数划分等级的做法，会导致整个班级形成功利主义价值观。未成年学生会形成学习成绩至上的观念，成绩好的学生会轻视成绩差的学生，团结、友爱、互帮互助的美好道德情操将无法形成。其次，在责任心培养上，未成年学生责任心发展过程是从盲目顺从到内化顺从，然后经历半主动，最后到积极主动的过程。在一个学习成绩至上的群体，学生的学习成绩好就成为具有责任心的表现，会误导学生形成错误的责任观念。责任心是一个人在社会生活中对自身的社会角色及角色所应承担的责任的认知，产生的情感体验和做出的行为反应，责任心不能通过某一个表现来盖棺论定。按照负责的对象划分，责任心的种类应包括对自己负责、对家庭负责、对集体负责、对社会负责、对国家负责、对全人类负责。如果学生只对自己的学习成绩负责，那么被培养出来的人才其人格是有缺陷的，是自私自利的。所以，基础教育阶段教师的行为对学生责任心培养至关重要。同理，羞辱与内疚也与教师的观念、行为密切相关。相较之下，18岁以上的学生，自我认知趋于成熟，受教师的影响较小。

(二) 基础教育阶段教师侵权行为与基础教育阶段教师职业道德失范行为

基础教育阶段教师侵权行为与职业道德失范行为都属于教师职业行为范畴，从逻辑关系上来分析，侵权行为与职业道德失范行为是从属关系。侵权行为属于职业道德失范行为，基础教育阶段教师侵权行为不仅违反了教师职业道德，而且违反了教师职业道德的底线——法律。

基础教育阶段教师侵权行为防范与规制和基础教育阶段教师职业道德失范行为防范与规制，在治理主体、触犯内容、罚责措施上存在不同，但也有着密不可分的联系。

1. 治理主体

从教育政策角度，基础教育阶段教师职业侵权行为与教师职业道德失范行为防范与规制治理主体不同。学者们通常将教师职业道德失范行为归为道德范畴，主要是指教育工作者偏离或违反教师职业道德规范的行为。在当前基础教育领域，基础教育阶段教师职业道德失范问题的治理主体为学校内部管理人员及教育行政部门教育督导人员。[1]在现实中，基础教育阶段教师职业道德的维系主要依靠教师自律、自觉遵守。基础教育阶段教师侵权行为与教师职业道德失范行为不同，一旦基础教育阶段教师的行为侵犯了学生的权利，不仅违反了职业道德，而且触犯了道德底线，违反了相关政策法律。基础教育阶段教师侵权行为治理主体为国家立法规定的教育行政部门专职人员，即国家依法任命的专职教育执法人，主要通过惩罚方式维系其权威。

---

[1] 傅维利. 道德外烁的时代价值及教育策略 [J]. 教育研究, 2017 (8): 32-42.

第一章　基础教育阶段教师侵权行为防范与规制的概念解析

2. 触犯内容

基础教育阶段教师职业侵权行为与教师职业道德失范行为在内容上存在不同。根据傅维利教授研究，教师职业道德规范从高到低可以分为三个层次，分别是道德理想、道德原则、道德规则。以此分析2008年教育部和中国教科文卫体工会全国委员会制定的《中小学教师职业道德规范》，在其内容层面上，《中小学教师职业道德规范》包括：教师职业的理想，如为人师表、热爱学生、团结协作；教师职业的原则，如严谨治学、尊重家长；教师职业的规则，如依法治教、廉洁治教。当教师在教育工作过程中没有遵循《中小学教师职业道德规范》中的道德理想，如为人师表、热爱学生，则只是违反了职业道德，还不构成侵权。但是，当基础教育阶段教师的行为违背了《中小学教师职业道德规范》中的道德规则，没有依法治教、廉洁治教，将构成侵权。

从规范学角度分析，《中小学教师职业道德规范》的内容既包括授权性规范，如为人师表、热爱学生、团结协作、严谨治学、尊重家长，也包括义务性规范，如依法治教、廉洁治教。授权性规范为政策规范的主体提供了一定的选择自由，规范主体不作为不需要承担相应的法律责任。义务性规范对政策规范的主体具有强制约束力。根据《民法典》中关于侵权的规定可以推论，基础教育阶段教师侵权行为是指在基础教育领域，教师侵犯无民事行为能力和限制民事行为能力的在校学生的权利，导致未成年学生身心遭受损害。基础教育阶段教师侵权行为不仅触犯了《国际儿童权利公约》，也触犯了我国《宪法》《未成年人保护法》《预防未成年人犯罪法》《教育法》《义务教育法》等法律法规的规定。

3. 罚责措施

根据其情节严重程度，基础教育阶段教师侵权行为与职业道德失范行为可以从三方面进行规制,包括法律制裁、纪律制裁、道德制裁。三种制裁的意义是不同的。法律和纪律执行者的角色隐语是,法制执行者有法定的权利和义务处理教师职业侵权行为,即你惩罚他人的行为既是制度赋予的权力也是你谋生的手段,你必须这样做,受罚者应当认同和理解你;❶ 道德制裁来自社会舆论,没有法定的执行主体,违反职业道德会为此付出相应社会舆论代价。相较之下,基础教育阶段教师侵权行为的罚责倾向于纪律制裁和法律制裁,而基础教育阶段教师职业道德失范行为的罚责倾向于道德制裁。

---

❶ 傅维利. 道德外烁的时代价值及教育策略 [J]. 教育研究, 2017 (8): 32-42.

第二章　基础教育阶段教师侵权行为防范与规制研究的理论基础

基础教育阶段教师侵权行为防范与规制研究的理论基础对于界定基础教育阶段教师侵权行为的核心概念、探索基础教育阶段教师侵权行为的类型、揭示基础教育阶段教师侵权行为的危害以及提出解决基础教育阶段教师侵权行为的对策提出了理论依据。本书涉及的理论比较多，除法伦理学外，还有管理学理论、伦理自律理论、善治理论、程序正义理论等，针对教师侵权危害的心理学理论、神经学理论、统觉理论、自我耗损理论、需要层次理论等。在此，主要介绍本书所选视角依据的理论，即法伦理学理论，以及研究必要性的理论，如自我耗损理论、需要层次理论。

一、法伦理学理论

（一）法伦理学理论的主要内容

法伦理学起源于19世纪中叶后实证主义哲学兴起。实证主义强调，研究需要立足于对客观现实的分析，排斥主观因素。实证主义研究方法的兴起，使得社会对法律的确定性提出了更高的要求。20世纪，第二次世界大战爆发，在世界灾难面前，明确法律与道德伦理之间关系的重要性凸显。在这样一个时代背景下，法伦理学开始形成自己特有的学科模式。❶ 从法伦理学的理论体系来看，在20世纪西方法哲学思潮中，法律和道德这一论题主要包括法律与道德的概念和本质、道德与法律形成过程中的彼此渗透与影响、违法行为与不道德行为的区分与界定等。

我国首次提到法伦理这个概念的是何勤华先生。在1984年的文汇报上，何勤华首次从理论和实践角度将法伦理学划分为总论和分论两部分。总论关注法律与道德之间关系的理论问题，分论侧重于我国实际生活中的法律与道德问题。❷ 20世纪末和21世纪初，法伦理学概念的发展主要涉及法律建设和实践过程中法律与道德伦理之间问题的研究，以及法制中的人性和内涵。1988年，文正邦在《法伦理学研究的战略意义》一文中将法伦理学的概念发展到法律创制、实施过程。2008年，徐新在《法伦理学研究论纲》中提出，法伦理学研究的宗旨在于为中国法制建设提供道德正当性的论证，包括民法的伦理问题研究、社会保障法的伦理问题研究、司法的伦理问题研究等方面的内容。2011年，石文龙将法伦理学的研究范围扩展到法制中的人。石文龙在《法伦理学》中提出，法伦理学是一门研究法制的人性内涵与价值的学问，研究的内容包括法律和道德、法与情理的相互关系等。法伦理学从本质上讲是一门研究人的学说，保护人的自然属性权利和社会属性权利。

当代关于伦理的主流观点可以追溯到马克思。根据马克思的观点，人活在世界上，由活动构成。从广义上来说，伦理学是处理人与人之间关系规范的总和。从狭义上来说，伦理学是在活动中产生，用规范处理

---

❶ 程敏. 论法伦理学的基本问题 [D]. 安徽师范大学硕士论文，2005.
❷ 何勤华. 法律伦理学体系总论 [J]. 道德与文明，1993（10）：47.

人群关系的学问。通过以上论述可以得出结论，伦理学中的关系包括长幼关系、父子关系、家庭关系、家族关系、上下属关系、师生关系等，伦理的研究内容主要包括人道、民主、公益。

伦理与法律之间的关系。从来源角度看，根据康德观点，伦理是在人们生活中形成的共识，而法律是人为制定的。从制定主体上来说，伦理是大家的共识，而法律是国家意志的象征，是统治者制定的。根据法伦理学的本质属性，法伦理学研究内容可界定为：在国家法律范畴内处理人与人之间关系的人道、民主、公益规范的总和。

（二）法伦理学对基础教育阶段教师侵权行为防范与规制研究的启示

第一，法伦理学研究主体对基础教育阶段教师侵权行为防范与规制研究的启示。21世纪以来，法伦理学的价值取向是保护弱者，法伦理学通过研究人性中的善与恶等来探索法治运行的规律。基础教育阶段防范与规制教师侵权行为保护的对象是未成年人，属于弱者。法伦理研究主体包括立法中的人、守法中的人、司法中的人。基础教育阶段教师是在教育领域从事教育教学的公职人员，本书中的侵权防范与规制对象是守法中的人——人民教师。

第二，法伦理学研究范畴对基础教育阶段教师侵权行为防范与规制研究的启示。关于法伦理学研究的核心范畴存在两种不同的观点：一部分研究者认为权利应该作为法伦理学的核心范畴。曹刚、韦正翔、龚群、石文龙等学者赞同法伦理学的核心范畴为权利。例如，石文龙认为，法伦理学主要研究三个层次的内容——尊重权利、保障权利、限制权利。[1]另一部

---

[1] 石文龙. 法伦理学 [M]. 北京：中国法制出版社，2006：100.

分学者认为法伦理学权利的范畴应该包括正义。持该观点的学者王淑琴认为，权利本身需要正义原则。根据法伦理学本质属性，法伦理学应该采用法律的方法保护人的伦理权利。本书将法伦理学的研究内容界定为：采用法律的方法保护人的伦理权利，包括人道、民主、公益。保护人道是保护人的基本物质权利和人的精神权利。保护民主主要体现在公众的参与权、知情权和平等权。保护公益指的是法律的目的是保护全体人民，通过法律制度维持社会秩序和公民的合法权利，体现正义原则。法伦理学的研究内容应该包括保护人的物质权利、精神权利、公共利益权利，引申到基础教育领域，法伦理学的研究范畴包括保护全体学生的物质权利、精神权利、公共利益。

第三，法伦理学研究对象对基础教育阶段教师侵权行为防范与规制研究的启示。法伦理学研究主体包括立法中的人、守法中的人、司法中的人，而人民教师是守法中的人，是公职人员。法伦理学的目标是对人的塑造，人民教师在教学过程中应在法律边界内从事教学。侵权行为法伦理学是在法律范围内处理人与人之间关系的行为规范，研究内容包括权利、民主、公共利益。本书通过研究基础教育阶段教师的侵权行为防范与规制，明确教师与学生之间的法伦理规范关系。通过防范与规制基础教育阶段教师侵权行为来帮助教师规范职业行为，在法律的边界内从事教育教学活动。

二、自我损耗理论

（一）自我耗损理论的主要内容

自我损耗理论是心理学的研究成果，主要内容包括：第一，每个人的心理能量影响一个人的自我控制、审慎的选择、主动性行为。第二，每个人心理能量有被耗尽的时候，每个人的心理能量是有限的。第三，一个人进行自我控制、审慎的选择、主动性行为的过程中，需要的是同一种心理能量资源。第四，一个人的自我控制、审慎的选择、主动性行为成功与否取决于其心理能量的多少。第五，当一个人的心理能量被消耗后，需要休息一段时间，心理能量才能重新恢复。就好像一个人的体力消耗后，需要一段时间修整之后才能恢复体力。当一个人的心理能量被损耗，又得不到恢复，不仅会影响其自我控制、审慎的选择，而且会影响其主动性行为。

（二）自我耗损理论对基础教育阶段教师侵权行为防范与规制研究的启示

研究基础教育阶段教师侵权行为防范与规制必然避免不了了解教师侵权行为对学生身心健康方面的危害。自我损耗理论能够解释当前基础教育阶段超额作业量、超额学习时间、缺少自由选择、不平等对待学生等现象对学生的巨大危害。根据自我耗损理论的核心思想，将其引申到基础教育领域，基础教育阶段教师侵权行为对学生的不良影响如下。

第一，未成年学生自我执行功能被耗损。未成年学生心理能量的损耗影响未成年学生的自我执行功能，即自我控制行为、审慎的选择行为、主动性行为。当未成年学生的心理能量处于超负荷耗损状态时，其自我控制、自我选择、主动性行为减弱。这同样也适用于学前、中小学教师，基础教育阶段教师超负荷工作，同样将导致其自我控制力、自我选择力、主动性行为的心理能量减弱。

第二，未成年学生的心理能量被耗损。未成年学生的心理能量是有限的，当有限的心理能量被耗尽，就会出现精力匮乏，以至于没有精力去做理性思考，这是心理处于疲惫期的人所表现出来的本能反应。这也可以解释，为什么在压力下，教师和学生都容易发怒、冲动。当教师和学生的心理能量被耗尽，心理处于疲惫状态时，他们的情绪也会发生本能的反应，容易出现失去理智、冲动、愤怒，甚至暴力行为、过激行为。

第三，未成年学生的其他资源被占用。当未成年学生被作业资源、课外补课资源占用，学生就没有精力思考如何自我提高，也没有时间花在结交朋友，与家人沟通感情。同理，当教师把精力用于课外辅导，必然会影响自己的本职工作。

第四，未成年学生的自我控制力受损。未成年学生的自我控制成功与否取决于心理能量的多少。当未成年学生有足够的时间、足够的心理能量时，自我控制能力会提高，自我选择和主动性行为会增加。反之，根据自我耗损理论，心理能量不足不利于学生形成主动、自我控制、自我选择的学习策略，不利于学生形成自觉学习习惯，容易导致学生厌学、情绪失常、人际关系淡漠、影响与父母的沟通。

第五，未成年学生的心理能量被消耗后，需要时间恢复。学校布置任务需要给学生适当的缓冲，让学生身心得以休息。当未成年学生处于心理疲惫期的时候，其认知会出现不理性状态，不利于学生身心健康发展。耗损理论可以作为本书研究教师侵权行为危害的心理学理论基础。

三、需要层次理论

（一）需要层次理论的主要内容

根据马斯洛的理论，人的需要由较低层次到较高层次排列可以分成五类：生理需要、安全需要、爱和归属感、尊重和自我实现。生理需要和安全需要是人生存最基本的需要，爱和归属感、尊重是人发展的基本需要。需要层次理论有两个基本出发点，一是每个人都有生理需要，生理需要是一个人生存的基本需要，生理需要获得满足后，发展的需要才能得以实现。如果一个人的基本生理需要、安全需要无法实现，发展的需要也无法出现；二是每个人的发展都需要爱、归属感、尊重，当一个人无法获得爱和归属感，不被尊重，则难以达到自我实现。

（二）需要层次理论对基础教育阶段教师侵权行为防范与规制研究的启示

依据需要层次理论，未成年学生的生理需要、安全需要可以归纳为未成年学生身心健康和人身安全需要得到满足，主要体现在：其一，未成年学生在校园里基本的生理需要得到满足，比如，允许学生如厕、喝水、课间休息、自由活动等。其二，未成年学生能拥有安全的校园环境，比如，禁止携带危险品到校园，否则学生的人身安全将受到威胁。

未成年学生的爱和归属感、尊重、自我实现的需要，可以归纳为未成年学生的精神需要和公共利益需要。具体表现在，在教育过程中，教师平等地爱护每个学生：不偏袒个别学生，不因为任何原因歧视、侮辱个别学生；尊重每个学生，不按成绩划分学生等级、排座位、排考场；保护基础教育公共利益，不利用自己职务谋取私利。

需要层次理论为本书研究提供了两个基本出发点：一是每个未成年学生都有生理需要、安全需要、爱和归属感、尊重和自我实现需要，每个未成年学生的人身健康、人身安全、精神需要、公共利益都需要得到保护。二是未成年学生的需要有层次，只有学生的基本生存需要的条件得到满足后,更高一层次的发展,即爱和归属感、尊重和自我实现才得以实现。同时,未成年学生的物质需要、精神需要、公共利益需要也互相影响,存在层次关系。需要层次理论可以作为本书研究物质侵权、精神侵权、公共利益侵权的理论基础。

第三章 基础教育阶段教师侵权行为防范与规制类型划分

本章通过科学的理论依据确定基础教育阶段教师侵权行为防范与规制的划分标准，在此基础上确定基础教育阶段教师侵权行为防范与规制类型，并进一步分析基础教育阶段教师侵权行为防范与规制类型之间存在的科学的内在逻辑关系。

一、基础教育阶段教师侵权行为防范与规制类型划分标准

（一）划分依据

本书提出法伦理学的研究范畴应包括保护物质权利、精神权利、公共利益，引申到学前及中小学教育领域，基础教育阶段教师侵权行为防范与规制种类可以划分为防范与规制物质侵权、精神侵权、公共利益侵权。该划分符合法律中有关侵权行为的规定。自第二次世界大战以来，侵权行为法学得到很大发展。侵权行为法被分为物质损害侵权法和精神损害侵权法。物质损害侵权法是为了保护权利人财产权中的物质利益。

精神损害侵权法是为了保护权利人的人身权和人格权中的精神利益。同时，法律不仅保护个人的利益，而且注重保护公共利益。为此，本书提出基础教育阶段防范与规制的教师侵权行为可以划分为三种类型：物质侵权、精神侵权、公共利益侵权。

从广义角度而言，公共利益是指行业或活动的主要目标，例如保护客户、患者健康、研究的完整性和公职人员的职责、公共财产、权利、荣誉、地位、领土、主权等。个人利益不限于经济利益，还包括职业发展，或为家人和朋友提供帮助的愿望，但当个人利益超过必要限度侵犯公共利益时，就会出现公共利益侵权。公共利益侵权主体为服务于公共利益事业的公职人员。公共利益侵权内容主要集中在财务关系上，通常涉及教育、政治、法律和医疗领域。常见的公共利益侵权形式为自我交易，即公职人员与另一个有利于自身的组织进行交易。例如，基础教育阶段教师向学生指定校外补习班或指定学生报考某所私立高中。另一种侵权形式为裙带关系，是指公职人员利用公职为存在私人关系的人谋取私人利益。私人关系通常是指配偶、子女或其他近亲、朋友关系等。公职人员行使其职务时，为了避免以权谋私，需要避免建立裙带关系，收受影响其职务判断的礼物。公职人员应把公众及其所服务对象的利益置于个人利益之上，利益冲突避免的目的即防止公职人员违反这一职责。

卢梭用三种意志分析利益冲突，即组织、政府和国家的意志，将其引申到基础教育领域，可以分为四种意志冲突：教师意志、学校意志、政府意志、国家意志。首先，教师个人利益属于个人私有的意志，属于个人的特殊利益。学校作为教育组织的利益，属于所在政府组织的意志。为此，学校的意志对政府而言是公共的。对国家中的人民而言，政府只是国家的一部分。国家的利益是基础教育中每个人的公共意志或主权意志。因此，基础教育中每个人的公共意志，无论对于政府、学校还是教师个人，都是公共意志。国家、政府、学校、教师的意志之间，公共意志总是最弱的，组织的意志占第三位，学校意志则占第二位，教师的意志为第一位。因此，在基础教育管理秩序中，为了实现基础教育公共利益，保障每个学生的权利，要求每个人民教师首先需要维护国家的公共利益，即每个学生的公共利益，然后是政府的意志，之后是学校的利益，最后是个人利益。[1]

公共利益侵权源于基础教育领域四种意志的冲突。例如，学校或政府命令基础教育阶段教师假期上班，为学生进行学习辅导。当这种局面出现时，教师在选择上就会出现四种利益冲突的困境。这正是我们研究的必要性，依法治教的首要目标是保护每个学生的公共利益。而每个学生的公共利益高于政府的利益、某所学校的利益、某个个人的利益。为了避免公职人员陷入利益冲突境地，需要立法规定公职人员的权利与义务。

基础教育阶段教师作为公职人员，具有维护学生公共利益的义务，当教师个人利益与学生的公共利益发生冲突时，当学校组织的利益与学生的公共利益发生冲突时，教师需要区分个人利益、所在单位利益和基础教育阶段学生的公共利益的差别，遵守利益冲突避免义务。

（二）划分标准

本书所讨论的侵权行为是基础教育阶段教师侵犯未成年学生物质利益、精神利益与公共利益的行为，与一般意义上的侵权行为相比存在特殊性。因此，需要了解一般意义上的侵权内容，然后按照从一般到特殊

---

[1] 卢梭. 社会契约论 [M]. 何兆武, 译. 北京：商务印书馆, 1980: 25-30.

的逻辑方法来论证基础教育阶段教师的侵权防范与规制类型。

1. 物质侵权防范与规制的划分标准

物权的概念发源于德国潘德克顿法学。官方确立我国物权概念始于2007年10月1日《物权法》。根据《物权法》，法律保护国家、集体、私人的物质权利不受侵犯。2020年，《物权法》被废止。为了进一步细分物权侵权，本书根据《治安管理处罚法》《危险化学品安全管理条例》等涉及物权的相关规定，将物质侵权划分为一般危险品侵权和一般私人财产侵权。

（1）防范与规制一般危险品侵权。根据我国现行《危险化学品安全管理条例》《对部分刀具实行管制的暂行规定》等的规定，一般危险品包括爆炸物品、易燃物品、易燃固体、遇水燃烧物品、自燃物品、压缩气体及液化气体、氧化剂。管制刀具包括工艺刀、腰刀、单刃刀、双刃刀、三棱尖刀、折叠刀、刀片、匕首等。

（2）防范与规制一般私人财产侵权。财产权是最具争议性的人权之一，具体争议的焦点包括财产权的主体是谁、财产的类型有哪些、哪些财产受到限制。迄今为止，在所有人权文书中，对财产受到保护的程度都有默示或明示的限制。《世界人权宣言》第17条规定，任何人不得任意剥夺其他人的财产。《消除一切形式种族歧视国际公约》也承认财产权，公约第5条规定在法律面前人人平等，不分种族、肤色、民族或族裔出身，包括拥有财产的权利以及与他人共同拥有财产的权利。此处所提到的财产不仅包括个人财产，也包括公共财产。我国《民法典》第113条规定，民事主体的财产权利受法律平等保护。根据上述规定，本书提出，未成年学生的一般财物包括个人私人物品和每个学生享有的公共财产。

2. 防范与规制精神侵权划分标准

关于精神权利的论述，比较权威的来自《马克思恩格斯全集》。书中提出，一个人除了物质利益不得侵犯，人的精神同样需要得到满足与保护，精神权利也不容侵犯。世界上多数国家在民事赔偿领域和行政赔偿领域都引入了精神损害赔偿制度，我国精神权利也是通过民事赔偿制度得到保障。迄今为止，我国还没有规定基础教育阶段教师精神侵权的内容，只是在《未成年人保护法》中提出保护未成年人人格尊严和身心健康。本书将基础教育阶段教师对学生精神侵权行为划分为两类：一般人身侵权和一般人格侵权。

（1）一般人身侵权。从古到今，关于人身的论述可以归纳为三种：第一种，生物学的解释，保持生命的人身。例如，李渔《闲情偶寄·词曲·宾白》中提出："就人身论之，则如肢体之于血脉。"第二种，社会学的解释，指一般生存的人身。第三种，哲学的解释，指追求发展需要的人身。例如，佛经有云："人身难得，佛法难闻，人身难得今已得。佛法难闻今已闻。此生不到彼岸去，更待何时度此身。"又如《论语·季氏》述及："视思明，听思聪，色思温，貌思恭，言思忠，事思敬，疑思问，忿思难，见得思义。"《管子·君臣下》论述："君之在国都也，若心之在身体也。"

从法律角度，《宪法》《刑法》《民法典》都提出保护自然人的人身权利。《宪法》第35条、第37条、第38条、第39条、第40条、第49条提出人身权利受法律保护。《刑法》分则第四章为侵犯公民人身权利、民主权利罪，是刑法分则的重要内容，刑法对于人身权利的规定是从其伤害行为后果、行为种类进行划分。

（2）一般人格侵权。从词源角度，"人格"一词起源于希腊语Persona，是指一个人戴着面具在舞台上。随着科学的发展，人格成为心理学范畴广泛使用的概念。心理学利用人格这一概念说明人是具有感觉、情感、意志等机能的主体,每个人都具有自我意识和自我控制能力,人格的含义是指一个人的自我意识、感觉、情感、自我控制等。

人格权发展至今已经承认每个人具有身体权、姓名权、肖像权、隐私权、名誉权、个人信息权等。通过心理学角度和法学角度分析,可以引申到未成年学生的一般人格包括身体权、休息权、健康权、隐私权、人格尊严权、名誉权、人身自由权、姓名权、自我意识权、自我控制权等。

3. 防范与规制公共利益侵权划分标准

公共利益的概念起源于公元前6—公元前5世纪的古希腊,最初的公共利益倾向是一种整体国家的公共利益。最早的整体国家的公共利益由古希腊特殊的城邦国家制度造就,整体国家观的特性是整体性和一致性。

20世纪80年代在美国兴起社群主义思潮,社群主义主张公共利益代表的是全体公民的公共利益。马克思将人的概念界定为社会关系的总和,每个人都不能脱离社会关系,人的言行总是限于社会的语境之中,而且自始至终依赖于这种语境。

20世纪90年代,福利经济学的公共利益理论兴起,标志性特征是1920年英国经济学家庇古出版的《福利经济学》。公共利益理论的兴起导致公共利益的关注中心由主体转向了内容。根据庇古提出的两个福利基本命题,公共利益被表述为通过社会福利提供给国民的公共物品。

20世纪,随着人们所处的大环境发生的变化,公共利益概念也在发生改变。公共利益的研究发展到法律范畴。根据我国《宪法》第51条规定,公共利益可划分为国家利益、社会利益、集体利益。

迄今为止,我国没有通过立法形式确立基础教育公共利益的内容和划分标准。2015年《义务教育法》提出,基础教育属于公益性事业,未成年学生享有受教育权、平等权、免受体罚权、免受人格侮辱权、免受歧视权等权利。根据2022年《义务教育法》,基础教育公共利益主要体现出三方面的特征:第一免费,即义务教育阶段免学生的学费、杂费。第二平等,即平等接受义务教育的权利。第三尊重,教师在教学过程中应平等对待学生,不得歧视学生、侮辱学生人格尊严。虽然《义务教育法》提出保护学生受教育权、人格权、平等权,但是没有明确界定学生的公共利益。本书将基础教育领域公共利益界定为全体未成年学生的物质权益、精神权益。全体学生的公共利益需要放在法律优先保护的地位,学生的公共利益不得侵犯。根据侵权方式,本书将公共利益侵权划分为交易型侵权行为和影响型侵权行为。

根据利益冲突避免原则,本书将基础教育侵权行为防范与规制划分标准确立为防范与规制物质侵权、精神侵权、公共利益侵权。根据已有的法律、法规、法理分析,本书提出基础教育一般物质侵权包括两类,分别为一般危险品侵权和私人财产侵权。基础教育精神侵权可以划分为一般人身侵权行为和一般人格侵权行为两类。基础教育公共利益侵权可以划分为交易型侵权行为和影响型侵权行为两类。

二、基础教育阶段教师侵权行为防范与规制的划分类型

(一)防范与规制物质侵权

1. 防范与规制危险品侵权

危险品侵权取决于物权变动的发生。物权变动是一种民事法律效

果，其实质是权利主体之间对于权利客体的支配和归属关系的变更。正如霍布斯所提出的，生命与安全的需要被普遍认为是人最基本的两项物质需要。当一个人所拥有的物质侵犯了他人的生命和安全时，物权变动就会发生。

荷兰的格劳秀斯提出，国家的根本任务是用法律和强制力保护公共安全。学校是从事教育教学的公共场所，规定禁止携带危险品入校对于保护师生生命安全、国家财产至关重要。学校由于其特殊环境，在列举危险品名称时，不可能与国家规定的危险品相同。幼儿园、中小学校中，除了化学教师接触特定化学危险品外，其他未成年学生几乎没有机会接触一般性的危险品。因此，中小学危险品主要是从日常生活中可以获得的危险品。本书将基础教育危险品总结为三项：各种刀具，包括工艺刀、单刃刀、双刃刀、三棱尖刀、折叠刀、刀片。惩罚用具，包括木棍、竹（牙）签、鞭子、手板子、戒尺。危险化学物质，包括放射性物品、腐蚀品、汽油、硫酸、有毒物品。

校园是公共场所，为了保证每个学生的人身安全，基础教育阶段教师有未经同意搜查、没收学生禁品的权利，主要包括刀和武器、酒、非法药品、偷窃物品、烟、色情图片，任何用于作案、导致人身伤害或损坏公共财产的物品，任何校规中禁止的物品，以及国家明文规定公共场合禁止携带的一般危险品。

2. 防范与规制私人财物侵权

马克思、恩格斯在《德意志意识形态》中提出，物质是保证人的衣、食、住、行的必要条件。因此，人的物质权利不可侵犯。[1] 格劳

---

[1] 马克思，恩格斯. 德意志意识形态 [M]. 北京：人民出版社，1961：156.

秀斯首次提出每个人拥有私人财产权。私人财产权被认为是人民普遍享有的自然权利，这种权利是与生俱来的，也是不可剥夺的。世界各国都立法保护每个人的私人财产权，未成年学生的财产权同样不可侵犯。

根据我国《民法典》规定，未成年学生的物权由其法定代理人代理，或者征得他的法定代理人的同意。由于未成年学生上学期间拥有的私人物品有限，主要为个人物品，如手机、学习用品、衣物等。这些学生的私人物品不可侵犯，例外情况为，当未成年学生携带刀具或放射性物品等危险品，危害到公众安全时，教师有权力将其暂时没收。如果学生携带手机或游戏机影响到课堂秩序，影响公共利益时，教师经家长同意，有权力将其暂时没收，之后返还给学生。

（二）防范与规制精神侵权

从精神侵权判断标准上来看，未成年学生受到伤害，其危害后果与成年人是不同的。未成年学生身心处于未成熟阶段，与成年人一样采用以事实伤害来取证的标准是不合理的。从医学、健康学、心理学、神经性等学科角度分析，未成年学生遭受精神侵犯后，其潜在的身心创伤可能终身不会消除，未来可能导致发育迟缓、厌学、人格欠缺，甚至产生自杀倾向。因此，不能按照成年人的判断标准来规定未成年学生精神侵权。

1. 防范与规制人身侵权

基础教育阶段教师作为法律授予职权的教育公职人员，侵犯学生权利属于行政审判范畴，遗憾的是，我国在行政侵权损害赔偿中缺少相关规定，致使同样是涉及精神损害赔偿的案件，在民事审判和行政审判中会有不同的判决结果。未成年学生拥有作为公民的人身权利，但有些权利，如婚姻权，不属于其权利范围。根据《宪法》《刑法》和《民法典》等法律规定，本书认为未成年学生人身权利包括人身自由权、人格名誉权、性的不可侵犯权、身心健康受保护权等。根据新闻媒体近年来关于校园虐待的报道，本书提出，基础教育阶段教师构成人身侵权的具体行为包括：惩罚性体罚，如打、踢、掐、推学生等。侮辱性体罚，如蹲讲台、公共场合罚站、打耳光等。侮辱性泄露学生个人隐私，如泄露学生家庭情况、个人缺陷等。性倾向行为，如接吻、触摸、看色情视频、图片、污秽语言等。非法教育行为，如超过国家法定时间的作业量、超前教育、反对国家、党的言论等。

2. 防范与规制人格侵权

未成年学生的身心还未成熟，没有形成独立的判断能力，对于中小学人格侵权不能完全依据成年人的人格权来界定。根据赫尔巴特的研究，未成年人在 8~16 岁心理和生理发展的特点为：心智尚不成熟、是非辨别能力不足、言行表现相对幼稚、自我控制力不强、心理稳定性处于发展期、活泼好动、自尊心强、有强烈的自主欲望、好胜、对事物充满求知欲和好奇心、喜欢模仿权威。教师作为学生心中的权威，经常被作为模仿对象。未成年学生对自我的评价也往往通过外部价值判断来认定。因此，教师的行为对未成年学生的影响非常大。教师的辱骂、羞辱、贬低、嘲笑会导致学生消极自我认知，以至于导致自卑、没有价值感、情绪消沉。此外，教师在课堂教学过程中的排斥型惩罚和传统的分级系统，如按成绩排座位、按成绩排考场、公布学生成绩排名，这些行为都不利于孩子积极内部动机的形成。如果孩子们努力取悦教师，而不是满足他们对自然的探索，不是出于了解世界的内部动机，他们不会走向自主认知，很难形成系统全面的认知技能。同理，学校过分强调成绩，按学生学习、成绩对学生划分等级，对学生的认知发展也具有潜在的危害。此外，取消个别学生上科任课、给学生起绰号、泄露学生个人隐私、对违纪学生停课处理等侵害学生人格的行为，都会对学生健康人格带来伤害。

根据上文所总结的一般人格权以及未成年学生身心发展的特点，本书提出未成年学生人格侵权行为包括侵犯学生的人格权、平等权、受教育权、休息权等。具体侵权行为包括当众辱骂羞辱学生、贬低学生、嘲笑学生，按成绩排座位、分班、分考场，取消个别学生上科任课，给学生起绰号，无证据指称学生偷盗、违纪，侮辱性泄露学生个人隐私，亲吻、触摸等性倾向行为、超负荷作业等。

（三）防范与规制公共利益侵权

1. 防范与规制交易型侵权行为

交易一词可以追溯到《易·系辞下》："日中为市，致天下之民，聚天下之货，交易而退，各得其所。"此处的交易是指双方以货币及服务为媒介的价值交换。交易不限于商贸，政治领域也常见。交易，顾名思义，是指公职人员利用自己的职位权力为交易人创造某种形式的利益，包括金钱、职位、荣誉等。交易如同牛顿第三定律，即作用力与反作用力在职业生活中的体现。所以，以交易为目的的馈赠，也是一种不同形式的相互交换。

本书将交易型侵权界定为：基础教育阶段教师或学校工作人员利用自己的职业公权，通过交易、命令、强制、规劝等方式谋取个人利益或所在集体利益，同时侵害整体学生的公共利益。常见的交易型侵权包括学校组织学生有偿校内上小班课，教师组织学生有偿课外辅导、周末辅导、假期辅导，学校或教委组织指定教辅材料，教师收取家长红包安排班干部、排座位等。

2. 防范与规制影响型侵权行为

在社会心理学领域，影响或影响力通常是指通过某种方式达到对人的行为、态度和信念的改变。影响型侵权行为包括有利组织影响行为、自利影响行为、恶意影响行为。影响型侵权行为在中小学领域非常常见，包括推销商品、按成绩排座位、将上课内容安排在课外辅导班讲、取消学生课间休息、禁止学生使用公共设施、指定或推荐校外辅导教师或辅导班等。由于未成年学生身心发展阶段特点，基础教育阶段教师作为学生心中的权威，对未成年学生具有非常大的影响，从侵权角度，基础教育阶段教师对学生的影响同样巨大。本书将影响型侵权界定为：基础教育阶段教师或学校工作人员利用自己的职业之便，通过政策制定、执行干预、内部说服和外部施压等手段说服学生或学生家长接受自己的建议与服从命令，为了个人利益或所在集体利益侵害学生合法利益。

三、基础教育阶段教师侵权行为防范与规制类型之间的内在逻辑关系

防范与规制基础教育阶段教师侵权行为，首先需要明确在教育领域个人利益与公共利益之间的关系。有很多学者，包括英国边沁、美国潘恩、法国著名唯物主义哲学家爱尔维修等都从各自角度对个人利益与公共利益的关系进行分析。总体来说，学者们的一致观点为个人

利益与公共利益是对立统一的关系。将其引申到基础教育领域，未成年学生的个人利益与所有学生的公共利益之间的关系同样是对立统一的关系。教育领域个人利益的实现，必然依靠整个教育公共利益的实现。在基础教育阶段，教育公益性体现在平等受教育权、人格被尊重等。

物质与精神之间的关系问题是哲学的基本问题。人是社会关系的总和，人的真正权利在于社会关系中的权利。个人在社会关系中的权利是多方面的，包括物质权利和精神权利两种。物质权利与精神权利是辩证统一的关系。人的物质权利和精神权利是衡量一个社会人权的基础。一个人的物质权利与精神权利作为社会成员权利，乃至成为民族人权的一部分，对社会发展将产生无法估量的力量。未成年学生同样具有物质权利和精神权利。物质权利和精神权利与公共利益权利的关系是相互依存，不可分割的。

人是精神与物质构成的不可分割的整体。每个未成年学生权利的实现是基础教育公共利益实现的保障，同时也是社会存在与发展的基本保障。人类社会的健康发展，总是取决于一定的物质权利和精神权利的增长；要满足基础教育中个人物质与精神生存和发展的需要，首先要把权利的底线划定出来。因此，就要求保证未成年学生健康成长所需要的物质权利，同时也要满足未成年学生健康发展需要的精神权利。

从实际情况看，物质是有形的，容易被人们看到；精神是无形的，在判断精神侵权时，往往容易忽视精神伤害的潜在后果，把物质与精神伤害事实作为唯一尺度来衡量侵权行为的标准，这是不妥的。未成年学生作为未成年人，其精神方面的伤害，尤其是对学生思想道德、健康人格形成的负面影响是潜在的，对其身心健康的负面影响是无法估量的。

从一定意义上来说，侵犯学生物质权利的同时也侵犯了学生的精神权利，但是侵犯了精神权利不一定侵犯物质权利。从发生学的角度，物质侵权先于精神侵权，精神侵权在物质侵权发生后形成。而物质侵权与精神侵权发生后，公共利益侵权也会随之产生，物质权利与精神权利以及公共利益是互为因果的逻辑关系。

第四章 基础教育阶段教师侵权行为防范与规制内容指标实证研究

在理论研究之后,我们将对基础教育阶段教师侵权行为进一步进行实证研究。在第四章,我们通过质性访谈,从学生角度调查当前基础教育阶段教师存在的侵权行为。然后,通过扎根理论的研究方法,初步总结基础教育阶段教师侵权行为防范与规制的内容构成框架。

一、基础教育阶段教师侵权行为防范与规制内容指标质性研究

(一) 访谈设计

根据凯西·卡麦兹的扎根理论数据分析方法,通过数据收集、初始编码、聚焦编码和理论编码等步骤,获取侵权事件相关要素,结合本书理论框架,探究基础教育阶段教师侵权具体行为及其内部关系。

根据解释学范式中所提及的境域感、意义、解释要素,其一,笔者作为研究者,能够接触被试所处的境域,因为有机会与被试进行一对一的交流,能够体会被研究者的遭遇,感同身受;其二,笔者作为研究

者，同时作为学习问题心理辅导教师，能从访谈者角度出发，把握其历史与社会共同性意义；其三，笔者通过与被研究对象就研究问题进行深度接触，能够对整体研究的意义具有全面把握。

（二）样本选取

本书访谈了 20 多名学生，选取了具有代表性的样本：8 名初中生，7 名小学生，2 名高一学生（见表 4-1）。因为笔者不是基础教育阶段在职教师，所访谈的内容不会给访谈对象带来心理上的压力与顾虑，所调查问题与样本之间也不存在利益冲突。

表 4-1　被访谈学生的基本情况

编号	学校	性别	年级	年龄
S1	M1	女	初中七年级	12 周岁
S2	M2	男	初中九年级	14 周岁
S3	M3	女	初中九年级	15 周岁
S4	P1	女	小学四年级	10 周岁
S5	M4	女	初中八年级	13 周岁
S6	P2	女	小学四年级	10 周岁
S7	P3	女	小学四年级	10 周岁
S8	H1	男	高中一年级	16 周岁
S9	M5	女	初中九年级	15 周岁
S10	H2	男	高中一年级	16 周岁
S11	M6	男	初中八年级	13 周岁
S12	P4	女	小学一年级	7 周岁
S13	P5	女	小学三年级	8 周岁
S14	M7	男	初中七年级	12 周岁
S15	M8	男	初中九年级	14 周岁

续表

编号	学校	性别	年级	年龄
S16	P6	女	小学五年级	10周岁
S17	P4	男	小学四年级	9周岁

编号说明：S 为 student 的缩写；M 为 middle school 的缩写；P 为 primary school 的缩写；H 为 high school 的缩写。

（三）质性分析

1. 数据收集

本书的数据收集采用访谈方法。笔者作为被试的家庭教师，通常在周末、节假日辅导学生英语，与学生建立了友好的师生关系。访谈之前，笔者都会与学生预约。访谈时，不限制学生谈话内容，允许学生根据自己经历进行描述。学生通过自述的方式，自由谈论自己的经历或身边同学的经历。访谈的内容为学生本人在学校经历过的自认为对其学业、身心带来破坏作用的事例，包括事件的情境、教师与学生的做法、反应、结果与不良影响等。具体内容为："谈一谈你上学时经历过哪些对你有伤害的经历？对你有哪些影响？"

2. 初始编码

在初始编码过程中，本书将收集的原始材料进行保留，尽量使用一致代码或同义词，详见表4-2。

表4-2 初始代码

书面数据	初始编码
S1 同学说:"我所在的中学,上课老师只提问好学生,不提问学习差的学生。"	老师上课只提问好学生,不提问差学生
S2 同学说:"我们学校绝大多数班级都按成绩排座位,学习成绩好的学生坐在第一排,学习成绩差的座位在最后一排。考场按成绩排,第一考场都是学习最好的,最后一考场都是学习最差的。"	按学生成绩排座位,按学生成绩排考场
S3 同学谈到在一考场考试的感受:"本来我想好好答卷,但是考场上的学生,有的说话,有的睡觉,还有用卷纸折飞机。这一考场的学生全是全校每个班级成绩倒数的学生,几乎都已放弃学习,没有学生认真答卷。感觉自己的人生太悲催了。"	按学生成绩分考场
S4 同学谈到她所见到发生在班级里的一件事:"我同学新买的文具盒。上课时,他用手动文具盒,被老师发现。老师将其文具盒直接摔在地上。文具盒被摔坏了,这位同学蹲地上哭着拣笔和文具盒,老师将文具盒踢到一边,并用脚踩他的手,并对该同学说,不许告诉家长,要不然第二天你就完了。从此学生不喜欢学习。"	上课老师认为学生玩物品,将其物品直接摔坏并用脚踩学生手,告诉学生不能告诉家长,否则惩罚学生
S5 同学说道:"有一次上课,我咳嗽了一声,老师让咳嗽的同学站起来。我站了起来,承认了咳嗽。老师走过来,当着全班同学给我一个耳光。打我的老师是英语老师,以前我英语成绩还挺好,自此之后,英语成绩一落千丈。"	上课,学生咳嗽,影响老师上课,老师找出学生,给学生一个耳光
S6 同学谈到自己的亲身经历:"我从小学四年级开始,住在老师家里辅导课程,老师一个月收3000元学费。老师共带领5个差生在家里托管。住在老师家学习,我感觉很孤独,害怕犯错误,不喜欢学习,没有放松时间。"	课后托管班,收取学费

第四章 基础教育阶段教师侵权行为防范与规制内容指标实证研究

续表

书面数据	初始编码
S7 同学回忆道:"我在小学四年级时,有一次,跟几个同学坐在学校乒乓球案上玩,被老师发现。老师当着全班同学训斥我,还用拳头捶我几下。但是没有捶学习成绩好的孩子,从此后,我觉得自己是坏学生,感觉丢脸,不喜欢学习,跟同学关系也不好,学不进去。也不想在这个班级待着。"	学生坐乒乓球案上,老师当着全班同学训斥学生,并且用拳头打了学生
S8 同学讲到她初三时候的经历:"刚开学,我们班主任给我妈打电话,问我周六在不在学校补课,老师上一节课 500 元,几个孩子一起上课,费用分摊。我家里每个月还房贷 2500 多元,父母都是打工的,在老师小班课补课,5 个学生一起上课,一科一节课 100 元,全科上,一周只上一节课,一个月最低 2800 元。上课学生不到 5 个,费用还会多,一节课就 100 多元。但是,我们不补课,学习跟不上进度,假期老师都是讲新课,开学摸底考试,考的都是新课程内容,而且上课进度很快,不补课,学习根本跟不上。"	老师组织小班课收取学费,教学不按进度,假期讲新课
S9 同学说:"我们学校的老师在假期组织课外辅导,包括语文、数学、英语和物理四科。在学生家里上课。每天早晨 7 点 10 分上课,中午 12 点下课。假期周一到周六日不间断上课。非假期时间周日上课,平时晚上上课。对于不参加的学生,老师会有意见,平时区别对待。"	假期组织课外辅导,收取学费
S10 同学谈到她的经历。她是校标枪运动员,自初中一年级开始成为学校体育特长生,目标是通过体育特长考取重点高中。体育老师对家长说,可帮忙送进全市第一重点高中,要求家长送 8 万元给他,进第二重点高中要求交 4 万元。该体育老师承诺家长,只要中考成绩过 350 分,就一定可以通过体育成绩进重点高中。家长相信老师的话,给了老师 4 万元,在中考报名的时候,只报了其中两所重点高中。结果,两所高中那一年都不招标枪体育特长生。虽然她文化课成绩总分 711,本可以考上其他重点高中,因为没有报名,未能进入重点高中,后来在私立学校上高中	老师承诺送学生去重点高中,收取家长好处费

· 93 ·

续表

书面数据	初始编码
S11 同学谈到自己的亲身经历:"一次我们学校老师被举报组织小班课,媒体记者过来调查,刚开始调查不出任何结果。因为同学们都知道老师将录音笔放在教室书桌上,没有人敢说实话。后来有一个学生没说话,用笔在纸上写出来。因此行为老师被处罚了,停课一周。学生们说,对老师处罚就是'带薪休假一周',没有任何其他惩罚。此事不了了之,全校几乎每个班都补课,没有被制止。"	记者采访,学生不敢举报老师,因为教室里有录音笔
S12 同学因为写字太慢,老师下课不让其出去玩,在教室写字。中午老师不让吃饭,要求在教室写字。该同学产生逆反行为,不写字,老师将其带到办公室写,放学留晚学,并且停止该学生的美术、体育、音乐课,限制该学生上课以外的行动自由	写字慢,完不成任务,老师罚下课不许出去,不让吃饭,带到办公室写字
S13 同学说,老师周末留 17 页八开大卷纸作为作业,需要 16 小时完成,同学们没有休息时间	老师留作业过量导致学生没有时间休息
S14 同学说每天放学回家需要 4 小时完成作业	老师留作业过量导致学生没有时间休息
S15 同学谈到她的亲身经历:"我们初三小班课,平时晚自习到十点半放学,周六日上小班课早 7 点 10 分到下午 5 点半,中午半小时吃饭时间。几乎没有自由支配的时间。"	学习任务重没有休息时间
S16 同学为班干部,每月给老师送礼,如果晚了,老师就会找个借口当面训斥	老师收礼选择班干部
S17 同学反映:"我小学四年级时,刚转入新学校,将自己的玩具放在书桌内,被两名同学告发。老师竟然命令这两名学生去搜我的书包、书桌。发现玩具后,老师当着全班同学面批评我。而且令我生气的是,这两名同学一边搜书包,一边嘲笑我。我当时感觉自尊心受到伤害,从学校跑了出去。后来,被我妈找了回来。我感觉受到了侮辱,从那之后,厌学,同学关系不好,讨厌老师。成绩一直没有好起来。"	老师指使其他学生当众搜学生物品,并当众批评学生

· 94 ·

3. 聚焦编码

聚焦编码是根据基础教育阶段教师侵权行为所获得的初始编码，提取出现频率最多的初始代码，对其进行分类、综合和组织。将语义关系彼此关联，聚焦为类属代码，从而形成理论雏形。详见表4-3~表4-7。

表4-3 老师惩罚学生与学生人格权利冲突案例分析

初始编码	聚焦代码（亚类属）	聚焦代码（类属）
老师认为学生玩物品，将其物品直接摔坏并用脚踩学生手，同时告诉学生不能告诉家长，否则惩罚学生	班级里学生违反课堂秩序，老师毁坏学生物品及体罚学生	老师惩罚学生与学生人格权利冲突
学生咳嗽，影响老师上课，老师找出学生，给学生一个耳光，学生从此不喜欢该老师科目，成绩一落千丈	班级学生违反课堂秩序，老师打学生脸	
学生写字慢，完不成任务，老师罚不让吃饭，下课不许出去，去办公室写字，停其他课	学生没有完成学习任务，老师惩罚学生不吃饭	
学生因为带玩具被老师指使其他同学当众羞辱，并被老师当众批评	学生违规，老师协同两名学生当众搜其私人物品，并当众侮辱式批评	

表4-4 老师差别对待学生与学生学习平等权利冲突案例分析

初始编码	聚焦代码（亚类属）	聚焦代码（类属）
按学生成绩排座位	优等生与学差生就学习场域之间的差别对待	老师差别对待与学生学习机会平等冲突
老师上课只提问学习成绩好的学生，不提问成绩差的学生	优等生与学差生就学习机会之间的差别对待	
按学生成绩排考场	学校按成绩安排考场，导致考试环境机会差别对待	

续表

初始编码	聚焦代码（亚类属）	聚焦代码（类属）
为成绩好的学生上小班课	学优生与其余学生重点培养方面差别对待	老师差别对待与学生学习机会平等冲突
差生考场上的考试氛围影响学生学习的积极性与自信心	学差生被安置在被放弃的环境，考试机会差别对待	

表4-5 老师谋取私利与学生公共利益冲突案例分析

初始编码	聚焦代码（亚类属）	聚焦代码（类属）
班干部学生给老师送礼，如果晚一天，老师就会找个借口当面训斥学生	老师收礼选择班干部	老师谋取个人利益与学生公共利益冲突
学生成绩不好，家里困难，从来不给老师送礼，教室有几个同学讲话，老师先训斥该同学，不给解释机会	学生不送礼导致老师区别对待	
课后托管班，收取学费	课后有偿辅导	
假期课外辅导，收取学费	假期有偿辅导	
老师承诺送学生去重点高中，收取好处费	收好处费帮助升学	
记者采访，学生不敢举报老师，因为教室里有录音笔	老师为个人利益威胁学生	

表4-6 老师布置作业量与学生休息权利冲突案例分析

初始编码	聚焦代码（亚类属）	聚焦代码（类属）
老师周末留作业，需要16小时完成，学生没有休息时间	老师留作业过量导致学生没有时间休息	老师布置作业量与学生休息权利冲突
学生每天放学回家需要4小时完成作业	老师留作业过量导致学生没有时间休息	
晚自习到十点半放学，周六日全天上小班课	学习任务量大影响学生休息	

表4-7 老师破坏学生物品侵犯学生物质权利案例分析

初始编码	聚焦代码（亚类属）	聚焦代码（类属）
老师以为学生上课玩物品，将其物品直接摔坏并用脚踩学生手，同时告诉学生不能告诉家长，否则惩罚学生	班级里学生违反课堂秩序，老师毁坏学生物品及体罚学生	老师毁坏学生物品侵犯学生物质权利及人身权利

4. 理论编码

以法伦理学避免利益冲突理论为根基，本书对基础教育阶段教师教学过程中存在利益冲突侵权事件作出具体描述，对其指标和要素进行系统建构，以5个维度、12个关联类属、21个类属范例的结构模型呈现。详见表4-8。

表4-8 中小学老师行为与学生权利冲突维度释义

核心类属	关联类属	概念类属范例
老师惩罚学生与学生精神权利冲突	人身侵权行为	拳头捶、脚踩学生手、辱骂、当众羞辱、嘲笑、不让吃饭、威胁
	人格侵权行为	
歧视性差别对待与学生平等权利冲突	学习空间平等侵权行为	按成绩排考场、按成绩排座位、按成绩提问、按成绩分班、禁止个别学生上体育课、美术课、音乐课、社会课等、禁止学生参加集体活动、禁止课间活动
	考试环境平等侵权行为	
	学习机会平等侵权行为	

· 97 ·

续表

核心类属	关联类属	概念类属范例
老师谋取个人利益与学生公共利益冲突	交易型侵权行为	收钱任命班干部、收座位费、校外小班课收费、校内课后辅导、收取学生家长红包、有偿课外家教辅导、假期辅导班、推销教辅材料、向家长索要物品、假期有偿辅导课
	影响型侵权行为	
作业量与学生休息权利冲突	课间休息	压堂、三年级以下小学生留晚学、作业量超出国家规定时间、取消课间休息、取消科任课
	课后休息	
	在家休息	
	假期休息	
破坏学生物品侵犯学生物质权利	私人物品	毁坏学生物品

（四）调查结果

当前基础教育阶段教师很多行为侵犯了学生的权利，可将基础教育阶段教师存在的侵权行为归为三类：第一，精神侵权行为，包括人身侵权行为和人格侵权行为；第二，公共利益侵权行为；第三，物质侵权行为。详见表4-9。

表4-9 基础教育阶段教师侵权行为防范与规制内容框架

基础教育阶段教师精神侵权行为	人身侵权行为	体罚、辱骂、当众羞辱、嘲笑、毁坏学生物品、蹲讲台、不让吃饭、威胁、三年级以下小学生留晚学、作业量超出国家规定时间
	人格侵权行为	按成绩排考场、按成绩排座位、按成绩提问、按成绩分班、禁止学生上体育、美术、思品等课、禁止学生参加集体活动

第四章　基础教育阶段教师侵权行为防范与规制内容指标实证研究

续表

基础教育阶段教师公共利益侵权行为	交易型侵权行为	压堂、假期上课、取消课间休息、取消科任课、收钱任命班干部、收座位费、校外小班课收费、校内课后辅导、收取学生家长红包、有偿课外家教辅导、假期辅导班、卖教辅材料、向家长索要物品
	影响型侵权行为	
基础教育阶段教师物质侵权行为	私人物品侵权	没收学生私人物品、破坏学生私人物品、收取家长财物

分析当前基础教育阶段教师侵权行为，可以发现存在以下三个突出问题。

1. 未成年学生的人身健康受到侵犯

《儿童权利公约》第31条规定：休息、娱乐、游戏等权利是儿童享有的正当权利。当学生违反学校或班级规章制度时，教师有权力对其进行惩罚与管教。教师惩罚学生时，不能损害学生的身心健康，不能侵犯学生权利。通过调查发现，当前基础教育阶段教师在惩罚违规学生时，存在侵犯学生身体健康权和心理健康权现象，具体侵权行为包括公开场合辱骂、羞辱、体罚、变相体罚、毁坏学生私人物品等。当前中小学，过重的学业、压堂、三年级以下小学生留晚学、作业量超出国家规定时间、假期上课、取消课间休息、取消科任课等侵权行为依然存在。这些行为严重影响未成年学生的休息，对学生的身心健康带来威胁。根据自我耗损理论，当未成年学生心理资源被超额作业占用时，未成年学生的其他资源就会被占用，包括休息、交友、陪伴亲人等。事实上，基础教育阶段教师在管教学生过程中，特别是当学生出现违规违纪行为时，应该明确一点，孩子是在犯错误中成长的。正如皮亚杰所提出的，教师应

· 99 ·

将学生的错误看成是教育的良机，不应感到惊慌失措，失去理智。

2. 未成年学生的人格健康受到侵犯

根据《民法典》第四编规定，人格权是每个自然人享有的民事权利，包括人身自由权利、隐私权、受教育权等。《未成年人保护法》第4条提出尊重未成年人人格尊严。《教师法》第8条第4项对教师提出尊重学生人格的规定，明确教师要关心爱护学生，尊重学生人格。然而，本书发现，当前基础教育阶段教师存在差别对待学生、不公平对待学生现象，具体侵权行为包括按成绩排座、按成绩排考场、按成绩提问、按成绩分班、按成绩亲疏有别、按成绩判断学生品行、禁止学生上科任课、禁止学生参加集体活动等。这些行为侵犯了学生的人格权利，危害了未成年学生的人格健康。

3. 学生公共利益受到侵犯

从法学角度来讲，当基础教育阶段教师私人利益可能影响公共利益时其需要放弃私人利益，这是基础教育阶段教师的利益冲突避免义务。基础教育阶段教师的公共职责是服务于基础教育公共利益，当基础教育阶段教师利用工作职权谋取个人私利，其行为已经侵犯了基础教育公共利益。本书发现，当前基础教育阶段教师利用职务谋取私利现象依然存在，具体侵权行为包括收钱任命班干部、收座位费、校外有偿小班课、校内课后有偿辅导、收取学生家长红包、有偿课外家教、办假期有偿辅导班、卖教辅材料、向家长索要物品等。世界上很多国家，包括美国、英国、德国等，法律明文禁止教师因工作之便谋取私利，违者将受到法律制裁。

二、基础教育阶段教师侵权行为防范与规制内容指标量化研究

基于学生访谈的调查结果,为了更全面地了解基础教育阶段教师侵权行为,本书依据基础教育阶段教师侵权行为理论框架以及专家的建议,自建了《基础教育阶段教师侵权行为调查问卷》,从家长角度来调查目前我国基础教育阶段教师侵权行为的现状。因为基础教育阶段教师侵权的客体是未成年学生,这类群体的家长具有发言权。本书对小学低年级、小学中年级、小学高年级、初一、初二、初三的学生家长,针对同一问题进行调查能够获得比较客观、公正的样本数据。本书在最初的试测采用未成年学生与中小学教师调查问卷,但是基础教育阶段教师与未成年学生出于个人隐私、个人情感、对所在学校会有不良影响等顾虑,以及传统师恩、母校情怀等多方面原因,调查出的结果基本无效。因此,本书采用自编家长问卷。

(一) 研究假设

以中小学校为考察场域,根据中小学侵权理论的设计机理,本书对基础教育阶段教师侵权行为的现状调查提出如下设计:基础教育阶段教师侵权行为框架包括物质侵权、精神侵权、公共利益侵权3个维度,以及6个亚维度,分别为危险品侵权、私人物品侵权、人身侵权、人格侵权、影响型侵权、交易型侵权,共43个条目。

（二）形成问卷

1. 问卷评议与修正

为了保证问卷在内容上的效度，本书采用专家评议的方法，对问卷具体内容进行修正。对于问卷指导语、维度的确立、具体条目确立以及分类依据共征求了14名专家和5名相关专业人士的意见，包括2名教育法学专家、6名教育学专家、4名教育管理学专家、2名专业律师、2名基础教育行政官员、2名基层教师兼心理咨询师和1名教育学博士。家长问卷经专家评议后，进行了六次修正。

第一次修正，教育法学专家就问卷具体侵权内容进行了补充，提出了未成年学生免学杂费、生活费的权利，贫困生有补助的权利。同时肯定了本书的一级、二级维度。

第二次修正，教育学专家就问卷的指导语、具体侵权行为的维度归类提出了意见。

第三次修正，教育行政官员对问卷中教师带刀具问题提出了异议，对于教师索要学生物品问题提出了异议，并对问卷中的内容进行了补充，提出教师带学生出入网吧、歌厅等侵权行为，教师强行搜身侵权行为，教师出售课外读物侵权行为等。

第四次修正，教育学教授就问卷中基础教育阶段教师具体侵权行为中真问题和假问题提出了自己的观点，对未成年学生带刀具问题、教师损坏学生物品问题的现实性提出异议。

第五次修正，教育管理学专家就问卷维度分类依据提出了建议。基础教育阶段教师根据自己在基层上课的经验对问卷的具体侵权行为进行了补充，补充了课间禁止个别小学生休息问题、作业量太多问题。

第六次修正，教育法学专家、管理学教授、教育学教授都对问卷的维度划分给予肯定，并对问卷语言进行了规范指导。

2. 问卷项目探索性因子分析

为了确保调查问卷的科学性，探究此问卷的潜在结构是否与教师侵权行为内容构成要素相一致，需要进行预测。预测分为两步，首先对文件项目进行探索性因子分析，然后基于探索性研究结果，形成正式问卷。采用问卷星发放问卷80份，回收有效问卷71份，问卷回收率89%。本书预测样本是71名未成年学生家长。未成年学生从法律上来说为未成年人，家长对学生具有监护权，家长能够根据自身的观察以及与孩子的沟通做出判断。家长对于基础教育阶段教师侵权行为的状况具有发言权。采用网络问卷调查方法，可以避免家长回答问卷时有所顾忌。本书问卷的内容以及网络调查的方式不会透露任何家长姓名、孩子学校名称等私人信息，家长可以反馈自己孩子的真实情况，保证了样本数据的真实性。

为了保证相关题项能准确测出所在维度的真实情况，各个维度之间独立而不具有干扰性，本书采用SPSS 21.0对前71份问卷进行探索性研究，以确定最合适的因子结构。

本书因子分析采用极大似然法抽取因素，并用极大斜交旋转对上述的3个维度43个题项做主成分因子分析。结果显示，KMO值为0.788，Bartlett球形度检验近似卡值为3293.873（df=990，p=0.000<0.01），达到显著水平，说明题项之间存在公共因子，也就是社会探索性因子分析测得的因子之间的积累方差贡献率达到60%以上接受水平。

3. 问卷正式形成

至此，经过检验后，本书正式形成调查问卷，见表4-10。

表4–10 基础教育阶段教师侵权行为调查问卷（家长问卷）

项目	一级维度	侵权行为类型	题项	侵权具体行为
基础教育阶段教师侵权行为研究	物质侵权（A）	危险品侵权	A1	不没收学生携带的刀（铅笔刀除外），包括工艺刀、腰刀、单刃刀、双刃刀、三棱尖刀、折叠刀、刀片、匕首等
			A2	不没收学生携带的放射性物品、腐蚀品、氧化剂和有机氧化物、汽油、硫酸、煤油、有毒物品
		私人物品侵权	A3	没收学生私人物品（危险品除外）
			A4	当众故意破坏学生私人物品，如手机、文具用品、书本、作业等
			A5	收取家长物品为个人所用
			A6	罚学生钱
			A7	销毁学生私人物品，如手机、文具用品、书本、作业等
			A8	私自使用学生作品
	精神侵权（B）	人身侵权行为	B1	伤害性的体罚（如推打、打耳光、扯头发等）
			B2	侮辱性的体罚（如蹲讲台、下跪、打屁股、百遍以上的罚写）
			B3	编造谎言威胁恐吓行为
			B4	三年级以下罚学生留晚学
			B5	作业量小学超过60分钟，中学超过90分钟
			B6	强行搜学生身
			B7	不让吃饭、喝水、去洗手间
			B8	教师在教室内、活动室、学生寝室、学生聚集场合吸烟、饮酒
			B9	当众辱骂、羞辱学生
			B10	当众贬低、嘲笑学生
			B11	按成绩排座位、分班、分考场

第四章 基础教育阶段教师侵权行为防范与规制内容指标实证研究

续表

项目	一级维度	侵权行为类型	题项	侵权的具体行为
基础教育阶段教师侵权行为研究	精神侵权（B）	人格侵权行为	B12	取消个别学生上非主科或非中考、高考学科的课程
			B13	给学生起绰号，查无证据诬陷学生
			B14	侮辱性泄露学生的隐私，如家庭情况、父母关系、个人缺陷
			B15	性倾向行为，如亲吻、触摸、看色情图片与不健康视频、说污秽语言等
			B16	对违纪学生处以停课处罚
	公共利益侵权（C）	影响型侵权行为	C1	收受家长礼金任命班干部
			C2	凭私人关系任命班干部
			C3	利用个人职务获取私人好处，如给学生指定或安排课外辅导
			C4	收取影响其职务行为的金钱及礼物，如安排指定的座位或其他特殊关照行为
			C5	取消全体学生上非主科或非中考、高考学科的课程
			C6	不按国家规定的教学进度授课
			C7	将教学进度课程内容安排在课外辅导班上讲
			C8	取消学生课间活动
			C9	没有给困难学生发放生活费
			C10	组织学生校内收费自习课
		交易型侵权行为	C11	组织学生日常放学后有偿补习
			C12	组织学生校内有偿辅导
			C13	组织学生周末有偿辅导
			C14	组织学生假期有偿辅导
			C15	校内教师要求学生上自己任教的校外有偿辅导课
			C16	给学生指定校外辅导班或辅导教师
			C17	给学生指定或推销教辅材料
			C18	向学生推销商品
			C19	收家长红包
总计	3	6	43	

(三) 调查结果

回收问卷后,本书将有效样本的数据资料录入 SPSS 21.0 统计软件,以本书所构建的侵权行为构成要素 3 个维度、6 个亚维度、43 个题项为分析内容,详细分析当前基础教育阶段教师存在的具体侵权问题。

1. 有效样本情况

本书通过问卷星平台随机发放问卷 1800 份,回收有效问卷 1677 份,有效率为 93%。受调查者中,母亲人数最多 (37.9%),其次为监护人 (31.6%)、父亲 (30.5%)。69.6% 被调查者学历为大专及以上,其中本科的人数最多 (36.2%)。受调查学生所就读的学校类型,城市学校最多 (63.1%),其次为城镇 (19.8%)、农村 (16.9%)。家长职业知识分子最多 (27.2%),其次是工人 (16.9%),自由职业者、行政人员、商人、农民、无业所占比例较少。被调查者来自全国各地,样本分布广泛。有效样本的具体情况见表 4-11。

表 4-11 正式测试有效样本基本情况一览表

人口统计学变量	类别	人数	百分比 (%)
关系	父亲	512	30.5
	母亲	635	37.9
	其他监护人	530	31.6
年级	小学一、二年级	302	18.0
	小学三、四年级	231	13.7
	小学五、六年级	268	15.9
	初一	285	16.9
	初二	222	13.2
	初三	369	22.0

续表

人口统计学变量	类别	人数	百分比（%）
所在地	城市	1059	63.1
	农村	285	16.9
	城镇（包括乡、县）	333	19.8
家长学历	小学及以下	42	2.5
	初中	235	14.0
	高中或中专	231	13.7
	大专	244	14.5
	本科	608	36.2
	研究生以上	317	18.9
家长职业	工人	285	16.9
	农民	134	7.9
	行政人员	184	10.9
	商人	179	10.6
	知识分子	457	27.2
	自由职业者	284	16.9
	无业	154	9.1
家长年龄	25~30岁	189	11.2
	30~35岁	254	15.1
	35~40岁	537	32.0
	40~45岁	553	32.9
	50岁以上	144	2.9

2. 信度检验

问卷的测量结果采用 Likert 五点计分法，以 Cronbach 系数作为信度检验的指标，结果见表 4-12。由表可知，该问卷中的 3 个维度中的 6 个亚维度和总问卷的 Cronbach 系数都在 0.9 以上。一般来说，问卷信度在 0.9 以上表明问卷信度很高，非常理想，具有很高的使用价值。

表4-12　基础教育阶段教师侵权行为家长调查问卷的内部一致性信度

检验内容	维度1	维度2	维度3	总问卷
项目数	8	16	19	1677
Cronbach 系数	0.572	0.934	0.964	0.965

3. 效度检验

问卷的效度检验主要从内容效度和结构效度两个方面进行。内容效度检验：本书内容采用扎根理论，通过深度访谈获得基础教育阶段教师侵权构成要素。然后请了来自不同领域的专家、专业人员，包括教育学专家、教育法学专家、教育行政领导、律师、心理咨询师、中小学教师、在读教育学博士等对问卷内容的各个维度进行最终审核。结构效度检验：本书问卷的主体内容是量表式题目，通过对问卷3个维度之间以及各个维度与总维度之间的相关分析进行结构效度检验。分析结构见表4-13。

表4-13　基础教育阶段教师侵权行为家长调查问卷维度间相关系数

构成维度	物质侵权	精神侵权	公共利益侵权	总问卷
物质侵权	1.000			
精神侵权	0.666	1.000		
公共利益侵权	0.641	0.750	1.000	
总问卷	0.826	0.895	0.934	1.000

学生问卷的内容效度检验采用的是专家检验法。结构效度检验借助的是 SPSS 21.0 得出 Pearson 相关分析系数。Pearson 相关分析主要是分析问卷中维度之间以及各维度与总问卷之间的相关程度。

从表4-13可以看出，各维度和总问卷之间的相关系数为0.826~

0.934（p<0.01），属于中高度相关，表明3个维度之间的鉴别度较为合理。从总体上来看，这个问卷具有很高的结构效度。

4. 描述性统计分析

表4-14列出了样本3个维度的最小值、最大值、均值和标准差。

表4-14 基础教育阶段教师侵权行为家长调查问卷描述统计量

维度	N	Min	Max	M	SD
物质侵权	1677	1.00	3.88	2.16	0.619
精神侵权	1677	2.88	5.56	3.68	0.706
公共利益侵权	1677	1.00	4.89	2.32	1.108
总问卷	1677	1.63	4.78	2.72	0.726

第一，从总体上来看，基础教育阶段教师侵权行为总问卷的均值为2.72，高于中间水平2.5，这验证了存在基础教育阶段教师侵权行为。

第二，从各个维度的均值来看，基础教育阶段教师侵权行为排序为精神侵权>公共利益侵权>物质侵权。

5. 不同年级侵权行为差异分析

不同年级，基础教育阶段教师侵权行为也会存在差异。本书以未成年学生的年级为自变量，以其基础教育阶段教师侵权3个维度为因变量，进行单因素分析，列出6个亚维度上的平均分、标准差以及单因素方差分析F检验后的结果。详见表4-15。

表 4-15 基础教育阶段教师侵权行为不同年级侵权行为差异分析

项目		N	M	SD	Sig 显著性	F
物质侵权	小学一、二年级	302	2.1023	0.65877		
	小学三、四年级	231	1.9896	0.52348		
	小学五、六年级	268	1.9896	0.41444		
	初一	285	1.9792	0.58318		
	初二	222	2.6094	0.70533		
	初三	369	2.4432	0.64799		
	总数	1677	2.1637	0.61947	0.012	1.924
精神侵权	小学一、二年级	302	3.6449	0.81931		
	小学三、四年级	231	3.6563	0.72814		
	小学五、六年级	268	3.6615	0.51777		
	初一	285	3.4792	0.17970		
	初二	222	4.1406	0.72791		
	初三	369	3.6193	0.78335		
	总数	1677	3.6875	0.70608	0.056	0.796
公共利益侵权	小学一、二年级	302	2.0550	1.13389		
	小学三、四年级	231	1.6272	0.64712		
	小学五、六年级	268	2.4737	1.12489		
	初一	285	2.6667	0.94307		
	初二	222	3.0066	1.02344		
	初三	369	2.7325	1.20405		
	总数	1677	2.3210	1.10895	0.036	2.546

从表 4-15 中可以看出，不同年级学生教师侵权行为在 6 个亚维度上存在显著差异。表明不同年级学生教师侵权行为在物质侵权、精神侵权、公共利益侵权方面差异显著。SD 结果中，初二 > 小学一、二年级 > 初三 > 初一 > 小学三、四年级 > 小学五、六年级，说明在物质侵权方面，初二教师侵权行为最为严重，其次是小学一、二年级。在精神侵权

方面，小学一、二年级侵权行为最为严重，其次是初三，小学三、四年级，初二。在公共利益侵权方面，初三侵权行为最为严重，其次是小学一、二年级，然后是小学五、六年级，初二，最后是初一和小学三、四年级。

（四）调查结论

通过基础教育阶段教师侵权行为防范与规制构成要素问卷检测，我们发现当前我国基础教育阶段教师存在以下侵权现象。

1. 基础教育阶段教师存在一定的侵权行为

当前基础教育阶段教师存在一定程度的侵权行为，不同类属的侵权行为存在差异。从整体上来看，在当前基础教育领域，精神侵权比重最高，公共利益侵权种类最多，物质侵权行为中危险品侵权行为最为严重。基础教育阶段教师侵权行为43条目中，存在22项均值超标的侵权行为（见表4-16）。

表4-16　均值高于2.0基础教育阶段教师侵权行为条目

维度	种类	均值	行为条目
物质侵权	危险品侵权	3.24	没有规定禁止学生携带或没有没收学生携带危险化学品、放射性物品、腐蚀品、氧化剂和有机氧化物、汽油、硫酸、煤油、有毒物品
		3.32	没有规定禁止学生携带或没有没收学生携带刀具（铅笔刀除外），包括工艺刀、腰刀、单刃刀、双刃刀、三棱尖刀、折叠刀、刀片、匕首等
	物品侵权	2.14	没收学生私人物品（危险品除外）

续表

维度	种类	均值	行为条目
精神侵权	人身侵权	2.83	作业量小学超过60分钟、中学超过90分钟
	人格侵权	2.04	当众辱骂、羞辱学生
		2.04	当众贬低、嘲笑学生
		2.56	取消个别学生上非主科课、非中考或高考学科课（体育课、美术课、音乐课、思品课、生活课、自习课、活动课等）
		2.68	按成绩排座位、分班、分考场
公共利益侵权	影响型侵权	2.15	取消全体学生上非主科课、非中考或高考学科课
		2.17	收受家长礼金任命班干部
		2.24	将教学进度课程内容安排在课外辅导班上讲
		2.32	取消学生课间活动
		2.38	利用个人职务获取私利，如给学生指定或安排课外辅导
		2.42	收取影响其职务行为的金钱及礼物
		2.46	凭私人关系任命班干部
	交易型侵权	2.04	教师指定校内辅导课或辅导教师
		2.10	给学生指定校外辅导班或辅导教师
		2.11	组织学生校内有偿自习
		2.31	组织学生日常放学后有偿补习
		2.37	组织学生周末校外收费辅导
		2.44	组织学生假期收费辅导
		2.66	给学生指定或推销教辅材料

均值标准说明：因为本书涉及的基础教育阶段教师侵权行为为法律禁止行为，法律禁止行为与普通行为不同，普通研究均值超过2.5才算有效。为此本书没有依照普通标准，而是提出均值超过2.0即有效，需要予以重视。❶

---

❶ 将基础教育阶段教师侵权行为合格标准设置为均值2.0是基于德国法学家倪佩尔代教授首倡行为违法说。行为违法说针对间接侵权，即违反注意义务就等同于具备违法性。从本质上而言，存在违法行为即有违法性。法律量的数字化为法律实证研究中的环节之一，也是研究者发挥主动性和能动性的关键。法律样式不同也意味着存在不同的法律量。本书认为，对于违法行为而言，均值超过1.0就算有效，为了研究的侧重点，本书提出均值超过2.0就算有效。

第四章 基础教育阶段教师侵权行为防范与规制内容指标实证研究

在精神侵权中，按侵权严重程度排序为：第一，按成绩排座位、按成绩排考场，均值为2.68。第二，取消个别学生上科任课。均值为2.56。人身侵权中最严重的是作业量超过国家规定的初中90分钟、小学60分钟，均值为2.83。公共利益侵权最严重的四项为：第一，向学生指定或推销教辅材料，均值为2.66。第二，凭私人关系任命班干部，均值为2.46。第三，组织学生假期收费辅导，均值为2.44。第四，收取影响其职务行为的金钱及礼物，均值为2.42。

2. 不同年级侵权行为差异显著

通过差异显著调查结果统计，我们发现，父母的年龄、所在地区、学历、家长的职业上的差异与教师侵权行为差异不显著，不同年级学生教师侵权行为的调查结果显示差异显著。在物质侵权方面，初二教师侵权行为最为严重。在精神侵权方面，小学一、二年级教师侵权行为最为严重。在公共利益侵权方面，初三教师侵权行为最为严重。如表4-16所示，物质侵权条目中，教师没有没收学生带刀具情况占的比重最高，初二学生带危险品如刀具等去学校情况比较严重。从全国发生的持刀伤人案件来看，初二阶段校园持刀伤人案件比重相比其他年级高。此外，调查结果显示，精神侵权行为比较严重的阶段为小学一、二年级。从结果可以推断，教师在教育与管教小学一、二年级学生时，采用的管教方式带有语言暴力，包括当众贬低、辱骂、变相体罚、取消科任课等处罚方式，相比其他年级，该行为对学生的精神侵害程度最为严重。事实上，该结果从理论上来讲也合理，小学一、二年级刚进入学校，行为规范还没有形成，学生心中教师的权威程度最高，当被权威否定、贬低、体罚后，对学生精神伤害最深。公共利益侵权行为最为严重的年级为初三，处于中考应考时期的初三学生参加学校组织周末上课、学校教师组

· 113 ·

织校外有偿、假期补课现象比较严重。中考对于一个学生而言至关重要，在这个阶段学校或教师容易组织违规辅导。

3. 基础教育精神侵权行为最严重

中小学教育中，精神侵权行为往往被忽视，而精神侵权行为对学生的身心健康发展的影响最大。精神侵权行为中最严重的前四项包括，第一，作业量超过教育部标准。第二，按成绩排座位、按成绩排考场。第三，取消个别学生上非主科课（如体育课、美术课、音乐课、思品课、生活课、自习课等）。第四，教师当众辱骂学生、贬低学生。这些行为都会严重伤害学生的自尊心、积极性。详见表4-17。

表4-17　均值高于2.0的基础教育阶段教师精神侵权行为条目

维度	种类	均值	行为条目
精神侵权	人身侵权	2.83	作业量小学超过60分钟，中学超过90分钟
	人格侵权	2.04	当众辱骂、羞辱学生
		2.04	当众贬低、嘲笑学生
		2.56	取消个别学生上非主科课、非中考或高考学科课（体育课、美术课、音乐课、思品课、生活课、自习课、活动课等）
		2.68	按成绩排座位、分班、分考场

4. 公共利益侵权种类最为繁多

公共利益侵权在教育领域是新词汇，维护公共利益对未成年学生形成正确的价值观、教师观，对保障基础教育公益性，培养学生和教师形成民主、文明、和谐、平等、公正、法治、爱国、敬业、诚信、友善的社会主要核心价值观具有重要的意义。通过单项条目均值调查结果可以发现，当前基础教育还存在公共利益侵权行为，而且种类最为繁多，共包括14项，详见表4-18。

表4-18 均值由高到低排列公共利益侵权条目

维度	种类	均值	行为条目
公共利益侵权	影响型侵权	2.46	凭私人关系任命班干部
		2.42	收取影响其职务行为的金钱及礼物
		2.38	利用个人职务获取私利
		2.32	取消学生课间活动
		2.24	将教学进度课程内容安排在课外辅导班上讲
		2.17	收受家长礼金任命班干部
		2.15	取消全体学生上非主科课、非中考或高考学科课
	交易型侵权	2.66	给学生指定或推销教辅材料
		2.44	组织学生假期收费辅导
		2.37	组织学生周末校外收费辅导
		2.31	组织学生日常放学后有偿补习
		2.11	组织学生校内收费自习
		2.10	给学生指定校外辅导班或辅导教师
		2.04	指定校内辅导课或辅导教师

影响型侵权按其严重程度分别为：凭私人关系任命班干部；收取影响其职务行为的金钱及礼物；利用个人职务获取私利；取消学生课间活动；将教学进度课程内容安排在课外辅导班上讲；收受家长礼金任命班干部；取消全体学生非主科课、非中考或高考学科课。

交易型侵权按其严重程度分别为：给学生指定或推销教辅材料；组织学生假期收费辅导；组织学生周末校外收费辅导组织学生日常放学后有偿补习；组织学生校内收费自习；给学生指定校外辅导班或辅导教师；指定校内辅导课或辅导教师。

第五章 基础教育阶段教师存在的侵权问题及其成因分析

结合访谈和问卷，我们从物质侵权、精神侵权、公共利益侵权三方面入手调查基础教育阶段教师侵权行为，通过分析单项条目均值调查结果，我们发现，当前我国基础教育阶段教师存在四方面突出侵权问题，包括忽视学生的人格健康、人身健康、公共利益以及疏于保护学生的物质权利。为了从一线进一步了解基础教育阶段教师侵权行为形成的原因，本书对中小学侵权行为的当事人教师与校长、教育行政人员进行了调查，对获取的材料进行分析，从教育实践中总结出基础教育阶段教师侵权行为的背后成因。

一、当前基础教育阶段教师存在的侵权问题

（一）忽视学生的人格健康

基础教育阶段教师存在忽视学生人格健康的侵权行为。问卷单项条目均值显示，教师当众辱骂学生、羞辱学生、贬低学生、嘲笑学生、按学生成绩排座位、按学生成绩排考场、取消个别学生上非主科或非中高

考科目条目的均值都超过标准，这些行为严重危害了学生的人格健康。中小学教师管教学生时，应该尊重学生的人格，以合理、清晰的规则帮助学生了解自我行为规范，预防学生再次犯错。对于行为或学习有问题的学生，中小学教师应采用相应的教育措施进行心理疏导，帮助学生走出困境。当学生违反课堂纪律或者学校校规时，中小学教师应该以清楚易懂的语言帮助学生理解什么样的行为是禁止的，什么样的行为是可以的，从而减少学生违规行为的发生。部分中小学教师所采用的惩治行为虽然表面上制止了学生犯错，却给学生心理、认知、健康、人格发展等方面带来了潜在的伤害。中小学教师应该科学处理学差生和厌学学生，帮助学生成长，而不是无情地践踏学生人格，通过责备、放弃或隔离等方式处理问题。在当前中国，虽然很多学校设置了校医和校心理诊所，但是往往流于形式，没有形成学生学习问题筛查与矫正管理机制。更糟糕的是，一些基础教育阶段教师不明白差生的形成原因，一味采用错误的处理方式，伤害了孩子的自尊心，加重了孩子的学习行为障碍，危害了其人格健康。从心理学角度来讲，一些未成年学生的学习问题或学习行为问题是由于个人经历或早期创伤所导致，需要进行诊断与调整。然而，多数中小学教师对学生学习问题心理干预以及心理矫正技术都不了解，不能做到尊重学生、爱护学生、重视学生健康的人格成长。

（二）忽视学生的人身健康

基础教育阶段教师重视学生获取知识的同时，更要重视学生的人身健康。未成年学生超负荷的学习负担、超负荷的作业量都可以证明，当前基础教育阶段教师对学生人身健康重视不够。本书调查结果显示，当前基础教育阶段未成年学生超额作业量依然是精神侵权行为中最严重的问题之一，其单项条目的均值为2.83，远远超过均值标准。此外，基础教育阶段教师取消学生课间活动行为也较为普遍，单项条目均值为2.32。这些行为严重影响了学生的身体健康，占用了学生与家人共处的时间，剥夺了学生自由活动的时间。

近年来，我国未成年学生的健康问题已经引起了社会的广泛关注。由于超负荷作业，长时间得不到休息，未成年学生近视率逐年增高。某市区一家眼科医院2018年视力调查结果显示，小学四年级学生近视比例在60%以上，中学生近视率达到80%以上。根据2019年8月教育部贯彻落实《综合防控儿童青少年近视实施方案》工作综述报告，2018年，全国儿童青少年总体近视率为53.6%。应重视未成年学生的健康，禁止基础教育阶段教师布置超负荷作业、取消学生课间休息、取消学生体育课等不利于学生身体健康的侵权行为。

（三）缺乏维护学生公共利益

基础教育公共利益是每个学生在义务教育阶段享有的共同利益，包括平等受教育权利、公平的受教育机会、共同的教育资源、免费义务教育等。基础教育阶段教师是基础教育公共利益的维护者与实施者。然而，通过访谈和问卷发现，基础教育阶段教师疏于维护学生公共利益，侵犯学生公共利益的现象仍然存在，如基础教育阶段教师指定教辅材料、禁止学生使用公共体育器材、收费晚自习、有偿辅导、取消学生非主科课或取消非中高考学科的课程等。基础教育阶段教师具有公共职责，所服务的事业是公益事业。当私人利益与公共利益发生冲突时，基础教育阶段教师作为公职人员具有利益冲突避免义务。当基础教育阶段教师既是自己学生的公职教师，也是自己学生的私人教师时，公私职业混合的角色，很难避免基础教育阶段教师滥用其角色权力，偏袒一些学生。这些行为不仅会严重影响基础教育公益性，也会影响基础教育阶段教师在学生心目中的权威形象。此外，基础教育阶段教师谋取私利的行为也会降低基础教育的公信度。

（四）疏于保护学生的物质权利

根据法律规定，未成年学生的物权由其法定代理人代理，或者征得其法定代理人的同意。但是当学生携带危险品、刀具，危害到他人健康、安全时，未成年学生的物权发生转移。基础教育阶段教师有权力强制没收学生的危险品、刀具，无须承担法律责任。当前基础教育阶段教师破坏学生私人物品情况依然存在，研究结果显示，基础教育阶段教师没收学生私人物品条目均值为2.14，没有没收学生携带刀具、危险品条目均值为3.24。未成年学生携带危险品、管制刀具到校园中，已经成为校园安全的巨大隐患，应禁止未成年学生携带危险品、刀具到学校，一旦发现危险品或刀具，无论是班主任还是科任教师，都需要马上将其没收。

二、基础教育阶段教师侵权行为的形成原因

基础教育阶段教师侵权行为成因调查内容涉及学校或教师违规行为，本书对教育行政管理者、校长、教师的调查采用暗访的形式。通过分析调查材料，基础教育阶段教师侵权行为的形成原因如下。

（一）教师维度侵权成因

1. 基础教育阶段教师管理学生的权责边界模糊

当前基础教育阶段教师管理学生的权责边界模糊，从调查结果来

看，所调查学校都没有文件规定基础教育阶段教师管理学生的具体权责。一所小学仅在"班主任量化考核方案"中规定了教师对学生纪律管理的要求。具体内容只包括三点：第一，教学楼内保持安静，不许跑跳、大声喧哗；无论教室、走廊或活动场地，出现说脏话、追逐打闹者，每人扣一分。第二，出现打架不分原因，主要责任方扣3分，群架累计扣分。第三，出现欺凌现象扣10分。此外，该方案只针对班主任，没有对科任教师进行规定。笔者调查的另两所小学关于学生纪律管理没有明文规定，三所被访谈的中学在学校教师考核方案中都没有规定教师职业禁止行为，只针对班主任进行了规定，具体内容包括严禁学生携带手机、烫发、打架、危险行为等。

基础教育阶段教师在管理学生，特别是惩罚学生时，权责意识模糊，导致当前基础教育领域出现任意停学生课、侮辱性体罚学生、没收学生私人物品、禁止学生课间休息、禁止学生自由活动等侵权行为。

2. 基础教育阶段教师缺少科学的学生评价指导体系

调查结果显示，基础教育阶段教师在评价学生过程中，没有科学的评价指导体系。这导致基础教育阶段教师为了提高学生的学习成绩，经常采用自认为快而有效的方法，如侮辱性评价学生、公开批评学生、按成绩排座位或考场等，严重侵犯学生的权利。事实上，如果学校过分强调成绩，按成绩对学生进行分类划分等级，对学生认知发展、健康人格、正确的价值观会形成巨大的危害。从心理学角度来讲，标准化测试在其功能上更适合对个体学生学习问题进行诊断性评价，发现其学业问题，用于纠正、改进，以便于进一步促进学生的发展，而不是按成绩划分学生等级。

3. 家长促成公共利益侵权

调查结果显示,学生家长也成为促成公共利益侵权的因素,为了提高自己孩子的学习成绩,很多家长会主动寻找基础教育阶段教师,给自己孩子进行课外有偿辅导。很多课外辅导班都是家长组织的,并不是基础教育阶段教师强制安排的,其背后的潜在原因是:在校外参加辅导班的费用很高,基础教育阶段教师的补课费用由学生均摊后相对较低,而且教学质量相对有保障。因此,家长宁愿自己组织小班课,聘请信得过的教师来授课。基础教育阶段教师则认为,参与课外辅导班,既可以提高学生成绩,又可以增加自己的收入,两全其美。

(二)学校维度侵权成因

为了进一步了解基础教育阶段教师滥用职权的情况,我们对基础教育领域小学校长和中学主任进行了调查,从学校维度来调查侵权形成的原因。调查内容包括学校评奖评优政策、学校教师绩效考核政策、基础教育阶段教师职业行为管理政策。

1. 学校缺少权责明确的教师考核制度

通过调查我们发现,当前基础教育领域缺少统一、科学的绩效考核标准。上级部门没有规定教师绩效考核标准,由各校自行制定教师考核方案。各学校以学生的学习成绩作为考核重要标准之一。学生的成绩影响教师的绩效、学校在市内的升学率排名以及在地方的教育影响力。学生的学习成绩与教师的聘任、绩效考核、评奖、评优息息相关,同时与学生的升学、发展密切相关。因此,为了提高学生的学习成绩,基础教育阶段教师在教学过程中寻找一切自认为快而有效的途径提高学生成绩，如超额作业量、利用课间辅导学生、按成绩排座、取消科任课、取消课间休息、留晚学等。这些行为侵犯了学生的权利。

2. 唯分数教师绩效管理体制

通过调查了解到，当前基础教育领域唯分数现象导致学生的很多权利受到侵犯。唯分数现象的直接原因是高考制度、中考制度、小学阶段统考制度或按年级抽考制度。高考、中考制度广为人知，此处不做详解。小学阶段统考是指市教委组织全市所有小学进行统一考试。小学阶段按年级抽考是指市、区或镇教育行政部门组织的全市、全区或全镇抽出某个年级的某个科目进行统一考试。小学统考或抽考的考试结果通常按成绩在所有学校中排名。统考成绩排前列的学校、班级负责人、相关科任教师会得到市教委的表彰，也会作为学校领导聘任、教师聘任、教师绩效考核的参考依据。正如被访谈学校领导反映的，超负荷作业量、课外辅导、取消非中考或高考科目的课、不按进度授课、超前教育、取消课间活动等行为都是因为考试压力所致，因为学校的成绩影响学校的招生、学校的排名、学校校长前途、任教教师的岗位、学生的升学。因此，基础教育阶段教师需要利用更多时间、途径、机会帮助学生提高成绩。

3. 学校缺少科学的学生安全管理体制

通过调查我们发现，当前基础教育领域缺少科学的学生管理体制，这导致基础教育领域出现很多的侵权行为，包括限制学生自由活动、限制学生使用体育器材、没有及时没收学生携带危险品等。事实上，随着媒体关于校园安全事故的曝光，在基础教育领域，校园安全保障也得到了广泛重视。当前中小学校在学生安全保障方面做了大量的工作，然而，从活动的方式来看，具体安全管理途径只停留于宣传层面，在制度上缺少科学管理体系。例如，学校缺少安检系统，无法及时查处学生携带危险品。此外，安全管理制度内容不全面、不科学，如为了防止学生在校内出现摔伤等风险，有些学校明文规定禁止学生在校内跑跳、追逐、使用体育器材。这些行为明显侵犯了学生的权利。

事实上，由于缺少科学的学生安全管理体系，学校在管理上也经常无所适从。通过访谈基础教育学校领导，我们了解到，如果经济条件允许，学校一定会在校门口安装安检仪器。随着媒体关于校园伤害事件的频繁报道，学校也担心学生携带危险品在校园内出现暴力伤害行为。被访谈领导提出，学生携带危险品进校园，教师看到一般会没收。但是，通常学生携带的危险品都会放到隐蔽的地方，教师也无法察觉。科学的学生管理体制缺失导致学校在管理学生时，特别是学生安全管理方面，常常倾向于采用回避风险的管理方式。例如，关于禁止小学生使用体育器材问题，因为制度缺失，学校为了免责，大多采用回避风险的方式一禁了之。

（三）教育行政部门维度侵权成因

1. 地方教育行政部门缺少专门的教师侵权管理制度

通过调查我们发现，当前教育行政部门没有专门的基础教育阶段教师职业行为管理制度。已有的文件"教育系统教职工年度考核制度"中，只提出基础教育阶段教师、管理人员、工勤人员考核分优秀、合格、基本合格、不合格四个等级。

具体而言，当前基础教育行政部门在基础教育阶段教师职业行为管理上，存在如下几方面的问题：第一，缺少专门的基础教育阶段教师侵权管理制度。第二，基础教育阶段教师职业侵权行为管理内容不全面。第三，没有授权专门的行政部门管理基础教育阶段教师侵权行为。

由于教育行政部门未出台相关的制度，学校在基础教育阶段教师侵权行为管理上缺少统一的制度文件作为指导，各学校的基础教育阶段教师侵权行为管理文件良莠不齐。由于上级行政部门政策缺失，导致下级学校存在大量的基础教育阶段教师侵权行为长期得不到治理。

2. 上级教育行政部门在地方教师侵权行为管理上调控力不足

为了进一步了解基础教育阶段教师侵权行为背后的制度成因，我们对地方教育系统教职工考勤管理规定参照的制度文件进行了调查。调查发现，当前地方教育行政部门在制定基础教育阶段教师考核制度时，所参照的依据为《事业单位人事管理条例》《关于印发〈市教育系统教职工考核评价实施意见（试行）〉的通知》《关于转发〈市教育系统教职工考核评价实施意见（试行）〉的通知》《关于做好2017年市机关事业单位工作人员年度考核工作的通知》等。以上文件中，没有提及上级教育行政部门关于基础教育阶段教师职业行为管理的文件，更没有国家颁布的基础教育阶段教师职业管理相关政策文件。市教育行政部门在制定基础教育阶段教师考核政策时，由于财政是由政府负责，基础教育阶段教师绩效与财务相关，教育系统教职工考核制度所参照的依据多为本市政府制度文件，缺少参照省一级教育行政部门所制定的教师侵权行为管理相关制度文件。从教育行政部门政策实施角度来看，上级教育行政部门在指导地方基础教育阶段教师侵权管理上缺乏有力的调控，没有发挥管理方面的宏观调控职能，这也是导致当前存在基础教育阶段教师侵权现象的原因之一。

3. 国家没有立法规定建立各级教师侵权行为管理体制

我国没有立法建立基础教育阶段教师侵权行为管理体制。基础教育阶段教师侵权行为管理体制应是基础教育阶段教师侵权行为管理机构和基础教育阶段教师侵权行为管理规范这两个要素的结合体。基础教育阶段教师侵权行为管理机构包括基础教育阶段教师侵权行为管理实施机构和基础教育阶段教师职业侵权行为管理机构。基础教育阶段教师侵权行为管理实施机构主要是指各级各类学校；基础教育阶段教师职业侵权行为管理机构包括各级各类教育行政机构和各级各类学校内部的管理机构。基础教育阶段教师侵权行为管理规范是指管理基础教育阶段教师侵权行为的制度，规定基础教育阶段教师侵权行为管理机构的职责权限和基础教育阶段教师侵权行为机构内人员的岗位责任。

国家立法规定建立各级教师侵权行为管理体制是整个基础教育得以健康运行的保障，[1] 我国还没有立法建立基础教育阶段教师侵权行为管理体制。地方教育行政部门制定政策都是依据上级下达的文件，如果上级没有下达制定基础教育阶段教师侵权行为管理制度的相关文件，下级部门就不会制定相关的制度。市级基础教育阶段教师侵权行为管理制度缺失是因为省级教育部门没有相关制度，省级教育部门没有规定则是由于教育部没有立法规定全国各级教育行政部门建立基础教育阶段教师侵权管理相关制度。从国家到省级再到地方，在基础教育阶段教师侵权行为管理的政策内容、政策制定、政策实施、政策结果检测等方面都没有建立起系统、科学的的制度。

---

[1] 孙绵涛，康翠萍. 关于教育体制改革与制度创新关系的探讨 [J]. 教育科学研究，2009 (8): 21 – 24.

第六章　基础教育阶段教师侵权行为防范与规制的必要性分析

　　基础教育阶段教师侵权行为对学生的身心伤害不能按照成人的标准来判断，根据联合国《儿童权利公约》针对未满 18 周岁未成年人受教育权、人身权、人格权等相关规定，生命、健康、教育和人格尊严是儿童最大的利益，因为儿童遭受精神伤害、不公平对待、身体伤害、语言暴力或疏忽伤害等虐待，不仅危害大脑心理机能，而且容易导致生理疾病、学业问题、人格障碍等诸多问题，对儿童未来人生造成极大的伤害。迄今为止，我国没有立法规定基础教育阶段教师侵权行为的法律构成要件，更没有立法规定侵权行为所要承担的法律责任，致使当前基础教育阶段侵权行为无法得到足够重视，未成年学生的合法权利无法得到充分的保障。

　　本书根据后果考量理论，对基础教育阶段教师侵权行为的危害后果进行研究，以此作为科学立法的依据，提出教育立法防范与规制基础教育阶段教师侵权行为。后果考量理论来源于后果主义，是法律裁判的一种方法论主张。依据该理论，案件的裁判应着眼于侵权行为可能导致的后果。在实践中，法官所考量的后果多种多样，包括道德后果、经济后果、政策后果和政治后果。❶ 对未成年学生而言，基础教育阶段教师侵权行为最直接的后果是对学生身心健康造成长期的、甚至不可逆的危害。依据后果考量明确基础教育阶段教师侵权行为的不良影响，不仅有助于保护未成年学生现时之利益，更重要的是对未成年学生成年之后的健康具有重要意义。

一、侵权行为对未成年学生心理机能的危害

在过去 30 年间，许多研究证实了基础教育阶段教师侵权行为与未成年学生未来心理疾病、生理疾病、身体健康、家庭关系、社会关系等之间的联系。世界各国研究者经过多年科学研究发现，侵权行为对未成年学生的不良影响及危害是潜在的，甚至是终身的。总结学者研究，基础教育阶段教师侵权行为对未成年学生心理机能的危害如下所示（见表 6 – 1）。

表 6 – 1 **基础教育阶段教师侵权行为对未成年学生心理机能的危害**

侵权行为类型	对心理机能的伤害后果
人身侵权，如蹲讲台、罚冻、罚饿、打耳光等体罚；人格侵权，侮辱性泄露学生个人隐私，如家庭情况、个人缺陷、宗教信仰等；语言暴力，如谩骂、公开场合嘲笑儿童、羞辱学生行为等	消极人际关系
物质侵权，公开场合破坏学生的私人物品，如撕毁学生的作业、毁坏学生的物品、毁坏学生的学习用具等；精神侵权，如当众羞辱、诬陷学生等；不公平对待学生，如按成绩排座位、排考场等	消极性情绪反应

---

❶ 孙海波. "后果考量" 与 "法条主义" 的较量——穿行于法律方法的噩梦与美梦之间 [J]. 法制与社会发展, 2015 (3): 167 – 172.

续表

侵权行为类型	对心理机能的伤害后果
精神侵权，如布置超出学生能力的学习任务、布置超负荷作业、超前教育等；公共利益侵权，不公平对待学生，如按成绩排座位、排考场等	内隐性被侵犯记忆
身体侵犯、人格侵犯、性相关等伤害行为，如打、踢、掐、羞辱、贬低、差别对待、起绰号、冷落、性骚扰、性非礼等	压抑型认知结构
人身侵权行为、人格侵权行为、交易型侵权行为、影响型侵权行为、私人物品侵权行为，如侮辱性体罚、性倾向骚扰、不公平对待学生、向学生推销商品、按成绩排座位、布置超额作业、阻止学生参与正常社会交往等	回避型调控技能

（一）消极人际关系

未成年学生在学校遭受人身侵犯或精神虐待，容易产生消极语言内化，形成消极人际关系图式。根据澳大利亚维多利亚州墨尔本莫纳什大学儿童健康专家沃科的观点，父母和教师是未成年学生在这个世界上获取安全、保护、爱、理解、养育和支持的主要来源。当未成年学生对这个世界最核心的信任被破坏时，他们会形成消极人际关系。消极人际关系会导致未成年学生缺乏调解关系的技能，影响其与他人交往的模式。未成年学生会防御性强、咄咄逼人，或害怕、害羞而无法与周围的人充分沟通，该影响会持续到成年。

（二）消极性情绪反应

基础教育阶段教师对学生实施物质侵权，侵犯学生精神权利，不公平对待学生，容易导致学生产生消极性情绪反应。根据行为主义心理学家研究结果，未成年学生处于未成年阶段，其情绪多为潜意识状态，是一种不易受意识或认知察觉的条件性情绪反射。物质侵犯、精神侵犯、不公平对待等伤害行为容易引起未成年学生的消极性潜意识情绪反应，如内疚感、羞愧感、痛苦感、悲伤感或愤怒感，这些消极情绪不仅会给未成年学生的日常学习和生活带来负面影响，也会对未成年学生的情绪、情感、身体健康带来不良的影响，其不良影响甚至延续一生。❶

（三）内隐性被侵犯记忆

基础教育阶段教师布置超出学生能力的学习任务、布置超负荷作业、超前教育或不公平对待学生等，容易导致未成年学生产生内隐性被侵犯记忆。内隐性被侵犯记忆是一种无意识的参与记忆行为，无须下意识地提取，任务越是困难，越容易参与渗透出来。内隐性被侵犯记忆与学生所面对的任务难度有关，是一种自动的、不浮于表面的记忆方式。内隐性记忆现象在心理学上被界定为：不需要在下意识或故意回忆的情况下，自动影响当前任务的行为。❷ 如果未成年学生在学习过程中长期经历恐惧、无助、无力感等负面情绪，从心理机能反应角度而言，这样的经历容易转化为内隐性被侵犯记忆。未成年学生一旦形成内隐性被侵犯记忆，恐惧、无助、无力感将成为一种心理习惯。❸

（四）压抑型认知结构

基础教育阶段教师对学生进行身体侵犯、精神侵犯、性相关等伤害行为，容易导致未成年学生产生压抑型认知结构。未成年学生遭受身体

---

❶ 金洪源. 潜意识条件性情绪反射效应的形成原因及其规律——187例个案研究[J]. 心理学探新，1992（7）：36-39.

❷ Daniel L. Schacter. Implicit Memory: A New Frontier for Cognitive Neuroscience [M]. The Cognitive Neurosciences, 1995: 815-824.

❸ 杨治良，等. 记忆心理学（第二版）[M]. 上海：华东师范大学出版社，1999：223.

侵犯或性侵犯是压倒性经历，特别是小学生、学前儿童，他们不理解性侵，也没有资源保护自己，被困在危险环境中的孩子们常常产生压抑型的心理防御来应对伤害。随着后续成长，他们对被侵犯的认识或许会发生改变，但压抑型认知结构会深刻影响其与他人的交往方式。根据奥苏贝尔的学习理论，如果儿童原有的认知结构中有可利用的知识经验，则会形成学习迁移。这一理论可以解释遭受虐待儿童内心会有暴力倾向。❶

（五）回避型调控技能

当基础教育阶段教师对学生实施人身侵权行为、人格侵权行为、交易型侵权行为、影响型侵权行为、私人物品侵权行为时，容易导致学生产生回避型调控技能。根据 2015 年南加州大学凯克医学院精神病学和行为科学副教授约翰布莱尔博士等的研究成果，当未成年学生长期被剥夺学习和发展的自然模式，从心理表现上来看，他们常常会被日常的情绪和关系所淹没。他们经常采取"回避"的应对方式，以减轻因为自己学业、表现、人际关系低劣所带来的痛苦。这种回避可以采取多种形式，包括退出社交、避免或破坏人际关系、通过游戏及网络等回避方式进行自我治疗，或通过自我伤害表达痛苦。❷

二、侵权行为对未成年学生大脑生理机能的危害

人的全部心理活动是由大脑来支配的，大脑是心理活动的器官。大量

---

❶ Daniel L. Schacter. Implicit Memory: A New Frontier for Cognitive Neuroscience [M]. The Cognitive Neurosciences, 1995: 815–824.

❷ John N. Briere and Catherine Scott. Principles of Trauma Therapy: A Guide to Symptoms, Evaluation, and Treatment [M]. SAGE Publications, Inc, 2015: 25.

研究证明,心理与大脑的活动密切相关。精神伤害、身体伤害、性虐待、慢性心理创伤都会对学生大脑生理机能造成危害。基础教育阶段教师侵权行为对未成年学生大脑生理机能会造成如下危害后果。

(一) 额叶皮质活动降低

基础教育阶段教师对学生的物质侵权行为、精神侵权行为容易导致学生额叶皮质活动降低。根据美国波士顿大学医学院创伤中心精神病学斯崔克·费希尔教授的研究,大脑是人类思维能力的所在地,额叶位于大脑皮层。当未成年学生受到侵犯时,边缘系统的快速区域很可能在前额叶皮层评估刺激之前就被激活,从而导致前额叶皮质活动降低。前额叶皮质为脑部的命令和控制中心,负责学习、解决问题以及决策和自控等较高层次思考。当额叶皮质活动降低,意味着未成年学生学习、解决问题、决策、自控等能力都降低。❶

(二) 边缘系统灵敏度增加

基础教育阶段教师对学生的身体侵犯、精神侵犯、不公平对待等侵权行为会导致学生边缘系统灵敏度增加。根据哈佛医学院精神病学附属机构麦克莱恩医院 2000 年的研究发现,边缘系统也被称为"情感大脑",它控制着一个人最基本的情绪,启动对威胁的反应。❷ 波士顿大学医学院创伤中心精神病学教授泰歇经过研究发现,儿童遭受身体侵犯后边缘系统灵敏度增加了 38%,遭受性侵犯后边缘系统灵敏度增加了

---

❶ Annette Streeck-Fischer, Bessel A. Van Der Kolk. Diagnostic and Therapeutic Implications of Chronic Trauma on Child Development [J]. Australian and New Zealand Journal of Psychiatry, 2000.

❷ McLean Hospital [EB/OL]. [2018-04-11]. https://www.mcleanhospital.org/research/news.

49%,遭受多类型虐待后边缘系统灵敏度增加了113%。边缘系统灵敏度增加意味着被侵犯的未成年学生会对很小的刺激反应过度,而且会越来越强烈。❶

(三) 海马体体积减小

基础教育阶段教师对学生的身体侵犯、精神侵犯、公共利益侵权会导致学生海马体体积减小。根据罗斯柴尔德海2004年的研究成果,未成年学生长期处于压力环境中,会导致其皮质醇水平升高,海马体体积减小。海马体主要负责记忆和情感控制。海马体协助将最初的信息传递到皮层,皮层可以理解这些信息。海马体易受应激激素的影响,尤其是杏仁核发出的警报释放的激素。当这些激素达到高水平时,它们会抑制海马体的活动,使其失去功能,这使得能够区分真实威胁和想象威胁的信息永远不可能到达大脑皮层,从而导致一个人失去对信息进行合理评估的能力。海马体体积减小,陈述性记忆会变差,成年后精神紧张性(精神)障碍症状的风险比较高,海马体体积减小也会引发抑郁症。

(四) 影响皮质醇产生

基础教育阶段教师对学生的身体侵犯、精神侵犯、不公平对待伤害行为会影响学生的皮质醇产生。根据澳大利亚临床心理学家格拉塔诺博士的研究成果,伤害行为会导致未成年学生在皮质醇产生量上发生变化。皮质醇在操纵情绪、免疫细胞和炎症、血压以及维护缔结组织(例如骨骼、肌肉和皮肤)等方面具有特别的作用。皮质醇产生量的变化会

---

❶ Impact on the Cortex and Limbic System [EB/OL]. [2018 - 06 - 16]. https://www.blueknot.org.au/Resources/General - Information/Impact - on - brain.

导致学生的神经一直处于一种高位运动状态,这种状态会持续到成年。即使伤害停止,在安全的环境中,被虐待学生仍然感觉受到威胁,因为高皮质醇水平导致未成年学生的恐惧成为一种病态。❶ 皮质醇水平的改变,无论是增加还是减少,都会引起一些长期的身心健康问题。

(五) 影响大脑左右半球发育

基础教育阶段教师对学生的身体侵犯、精神侵犯、不公平对待伤害行为会影响学生大脑左右半球发育。根据哈佛医学院精神病学附属机构麦克莱恩医院2000年的一项研究,有被虐待史的未成年人患脑电图异常的可能性是非受虐未成年人的两倍。伤害行为会导致未成年学生大脑左半球发育不足,右半球比健康人更活跃,胼胝体比健康人小,胼胝体小会导致大脑半球的整合减少,引发情绪或个性的变化。❷ 根据健康心理学专家肯道儿泰克特博士的研究成果,长期遭受压力会形成慢性神经内分泌失调。

三、侵权行为容易引发的心理疾病

在过去30年内,许多研究表明,侵权行为容易引发心理疾病,主要包括以下几种。

(一) 创伤后应激障碍

在遭受精神侵犯、物质侵犯或不公平对待后,如果未成年学生感到

---

❶ Impact on the Physiology of the Brain [EB/OL]. [2018-03-14]. https://www.blueknot.org.au/Resources/General-Information/Impact-on-brain.

❷ Trauma and Dissociative Disordersl [EB/OL]. [2018-06-21]. https://www.mclean-hospital.org/trauma.

恐惧、无助和无力，容易产生创伤后应激障碍。从心理学角度，创伤后应激障碍是指一个人在受到伤害或面临危险的情况下发展起来的心理状态，主要有三种症状：第一，情绪紧张，容易产生焦虑、激动或易怒情绪。公开场合遭受侮辱、体罚、不公平对待容易产生这些情绪。第二，闪回状态。如果未成年学生经历过精神创伤，当相同经历再次发生时，创伤会闯入他们的意识，这种现象被称为闪回。当闪回多次入侵时，创伤会加深，容易引起心理疾病。未成年学生长时间处于超负荷学习压力下容易产生该情绪。第三，回避。回避是通过限制自己与外界的接触来保护自己免受痛苦、恐惧、不安、失落等消极情绪的一种尝试，这会导致从他人那里退缩，或者缩小到自己认为安全的环境。[1] 回避通常发生在学习成绩比较差或者学习成绩下降的学生群体中。

（二）恐慌症

基础教育阶段教师对未成年学生的身体侵犯、精神侵犯、不公平对待容易导致未成年学生患恐慌症。从心理学角度来讲，当未成年学生在学校经历强烈恐惧或不适，产生以下四个或更多的症状，恐慌症就会发生：心悸、颤抖、憋气或呼吸困难感、胸疼或不适、恶心或腹痛、头晕、害怕、寒战等。在学校，如果教师经常威胁、恐吓学生，致使学生感到恐惧或处于危险中。另外，若教师打骂、侮辱、歧视学生，向学生宣讲有恐怖、暴力、迷信等内容的故事，播放不适宜未成年人观看的影像等，都将导致学生产生恐惧感，可能会发展成恐慌症。

---

[1] Blue Knot Foundation National Centre of Excellent for Complex Trauma [EB/OL]. [2018-04-14]. https://www.blueknot.org.au/.

（三）抑郁症

抑郁症在学差生中常见。当未成年学生被按成绩排座位、排考场，长期因为成绩而被歧视，被评论没有价值、能力不足，长期被布置超出自己能力范围的任务，容易产生抑郁情绪，会对未来感到沮丧，对生活不满，甚至希望自己死去。从心理学上来讲，抑郁症是对过去和现在的损失的一种反应。当未成年学生自感无助、无价值，对家人、朋友和活动失去兴趣持续两周或更长时间时，就会出现严重的抑郁症。抑郁通常包括无价值感、减少对活动的兴趣、可观察到的不安、食欲减少、失眠、缺乏动力、注意力不集中、瞌睡、反复出现死亡及自杀想法或自杀企图等。

（四）解离症

根据国际创伤和精神分裂研究学会2002年的研究成果，未成年人反复遭受性虐待或身体伤害、严重情感伤害和忽视、恐惧，未来有可能会发展成严重的解离症。解离症是指意识、认同、记忆方面和身体动作方面的混乱，解离症包括解离性失忆症、解离性迷游症、自我感消失等。根据耶鲁大学斯博伯格博士等2003年的研究，儿童越小越有可能解离，这是因为小孩子处理可怕情况并逃离它们的能力比较弱，解离有助于促进恐怖事件从其意识和记忆中消失，有助于阻止恐惧、痛苦的感觉，以及伴随它们而来的想法。解离是低唤醒或关闭的一种生存机制。[1]弗兰克·普特南也是解离症研究的先驱，他提出，日常生活中，一个人

---

[1] Complex Trauma and Mental Health [EB/OL]. [2018-06-22]. https://www.blueknot.org.au/Resources/Information/Understanding-abuse-and-trauma/What-is-complex-trauma/Complex-Trauma-and-mental-health.

在不同状态之间切换是非常普遍的。如果儿童遭受伤害,当创伤和压力令其无法承受,中枢神经系统无法吸收它时,容易发生解离症。❶

(五) 分离性身份识别障碍

未成年学生在学校遭受身体侵犯、精神侵犯时容易产生分离性身份识别障碍。根据美国精神病学协会的研究,分离性身份识别障碍是一种身份破坏,表现为两种或两种以上不同的人格状态,自我和行为意识的不连续性,以及情感、行为、意识、记忆、知觉、认知或感觉运动功能的变化。分离性身份识别障碍是一种复杂的创伤后发展障碍,是一种无法忍受的创伤后的生存机制,创伤通常发生在童年。2015 年,美国华盛顿精神病学学院切菲茨博士提出,儿童的大脑未发育成熟,这使得他们的大脑对一些伤害无法处理。此时,被伤害儿童必须保持分离以防止再次体验无法忍受的创伤。患有分离性身份识别障碍的人可能会出现失忆症,包括经历部分或完全记忆丧失,或"失去时间",即他们没有记忆的时间块,或出现喜怒无常等。当儿童遭受创伤后,一旦出现自我身份识别障碍,成年后,会在自我状态之间快速转变,意识及行为会显得奇怪甚至怪异,这是由于早期创伤后导致他们形成了不完整的自我状态。从医学角度讲,平均需要 6~12 年才能准确地诊断出一个人是否患有分离性身份识别障碍。患有分离性身份识别障碍的儿童,未来也将面临其他心理健康挑战,如创伤后应激障碍、严重抑郁、焦虑、饮食失调、药物滥用、参与危险行为等。

---

❶ Frank W. Putnam. The Way We Are: How States of Mind Influence our Identities, Personality and Potential for Change [M]. International Psychoanalytic Books, 2016: 448.

（六）人格障碍

根据近五年的人格障碍相关研究，未成年学生遭受身体伤害、精神伤害、不公平对待，未来有可能患人格障碍。人格障碍是一种长期适应不良、偏离正常的行为模式。人格障碍严重损害社会功能，危害身心健康。常见的人格障碍包括：偏执型人格障碍、反社会人格障碍、边缘性人格障碍、自恋型人格障碍、强迫性人格障碍。[1]

---

[1] 赵阳，孙绵涛. 学前教育立法必须明确虐童行为法律责任 [J]. 湖南师范大学教育科学学报，2020（3）.

第七章　基础教育阶段教师侵权行为防范与规制对策

　　就层次而言，基础教育阶段教师侵权行为预防和治理包括宏观、中观、微观三个层面。宏观层面主要通过国家的教育方针、教育政策与教育法规来预防与解决基础教育阶段教师侵权行为。中观层面主要是指国家对基础教育层次的教育所制定的规范和制度，如立法明确基础教育阶段教师职业行为规范，立法建立学校内部基础教育阶段教师职业行为体制以及基础教育阶段教师职业行为行政管理体制。相较宏观层面来说，它是对各级各类教育实施机构和教育管理机构所提出的要求。微观层面主要是指教育行政机关内部和学校内部的治理，表现为各种组织机构运用相关制度依法规范教育者的行为。就现状而言，在宏观层面上，我国当前的基础教育阶段教师侵权行为治理规范还不够健全，缺少基础教育阶段教师侵权方面的专项立法。在中观层面上，各种内容杂乱，指导性不强，效力不足，还没有形成科学、系统的基础教育阶段教师侵权行为管理体制。在微观层面上，相关规范形式各异，杂乱无章，缺少科学性。为此，为了更好地规范基础教育阶段教师职业行为，保护未成年学生的权利，有效预防基础教育阶段教师侵权行为发生，必须从宏观层面立法规定基础教育阶段教师侵权行为；从中观层面将基础教育阶段教师侵权行为补充到教师职业行为规范中，建立相关体制；从微观层面在各学校充分开展依法治教。

一、宏观层面：立法规定基础教育阶段教师侵权行为

基于基础教育阶段教师侵权行为的危害后果，本书从基础教育阶段教师侵权行为的法律构成要件、基础教育阶段教师侵权行为的具体法律责任、基础教育阶段教师侵权行为审查程序三个方面，针对基础教育阶段教师侵权行为提出立法诉求。

（一）基础教育阶段教师侵权行为的法律构成要件

通过对基础教育阶段教师侵权行为的危害分析，可以发现，基础教育阶段教师侵权行为产生的可预测性后果包括：对未成年学生心理机能造成的危害、大脑生理机能的危害以及未来可能诱发的各种心理疾病。这些心理学、精神学、脑科学的研究成果，为基础教育阶段教师侵权行为的可预测性危害提供了科学依据，为基础教育阶段教师侵权行为立法提供了科学依据。迄今为止，我国《预防未成年人犯罪法》《教师法》等多部法律都提出保护学生的权利，但是并没有对基础教育阶段教师侵权行为的法律构成要件进行立法规定，如何判断基础教育阶段教师的一个行为有没有侵权，首先要看其是否符合侵权构成要件。

基础教育阶段教师侵权行为是具有特殊身份的公民所作出的违法行为。如何判断基础教育阶段教师的行为是否构成侵权，要看侵权行为是否符合以下客观要件和主观要件。

1. 基础教育阶段教师侵权行为的客观要件

（1）行为主体。基础教育阶段教师侵权行为的行为主体为任何从事

基础教育事业的从业人员，主要为工作于学前教育机构、普通中小学、中等职业学校（含技工学校）、特殊教育机构、少年宫以及地方教研室、电化教育、民办教育机构、教育培训机构等的基础教育阶段教师，包括学前、中小学教育行政人员（校长、教导主任等）、教学人员（班主任、科任教师等）以及教辅人员（校务工作者等）。

（2）行为客体。基础教育阶段教师侵权行为的行为客体为每个未成年学生拥有的物质权利、精神权利、公共利益。侵权对象为在校未成年学生，无论私立中小学学生还是公立中小学学生。

（3）外在的侵权行为。在认定基础教育阶段教师是否构成侵权时，其外在的侵权行为是一个重要的考量因素。基础教育阶段教师外在侵权行为种类包括危险品侵权、私人物品侵权、人身侵权、人格侵权、影响型侵权、交易型侵权。

第一种，危险品侵权行为，包括：没有禁止学生携带或没有没收学生携带刀具（铅笔刀除外），如工艺刀、腰刀、单刃刀、双刃刀、三棱尖刀、折叠刀、刀片、匕首等；没有没收学生携带放射性物品、腐蚀品、氧化剂和有机氧化物、汽油、硫酸、煤油、有毒物品。

第二种，私人物品侵权行为，包括：没收学生私人物品（危险品除外）；当众故意破坏学生私人物品；收取家长物品为个人所用；罚学生钱；销毁学生私人物品；私自使用学生物品。

第三种，人身侵权行为，包括：伤害性的体罚，如推打、打耳光、扯头发等；侮辱型惩体罚，如蹲讲台、下跪、打屁股、超负荷的罚写作业；编造谎言威胁恐吓；超负荷教育；小学作业量超过60分钟，中学作业量超过90分钟；强行搜身；不让学生吃饭、喝水、去洗手间；基础教育阶段教师在教室内、活动室、学生寝室、学生聚集场合吸烟、饮酒；不为学生提供符合国家安全标准的食品、不提供足够的食物、不提供卫生的食物和水；不提供符合国家要求的交通工具。

第四种，人格侵权行为，包括：当众辱骂、羞辱学生；按成绩排座位、分班、分考场；取消个别学生上科任课，如体育课、美术课、音乐课、思品课、生活课、自习课、活动课等课；给学生起绰号、诬陷学生；侮辱性泄露学生的隐私，如家庭情况、父母关系、个人缺陷；性倾向行为，如亲吻、触摸、看色情图片、不健康视频、污秽语言等；对违纪学生处以停课处罚（威胁他人安全、学习的违纪学生除外）。

第五种，影响型侵权行为，包括：收受家长礼金任命班干部；凭私人关系任命班干部；利用个人职务获取私利；收取影响其职务行为的金钱及礼物；取消全体学生上科任课；不按国家规定的教学进度授课；将教学进度课程内容安排在课外辅导班上讲；取消学生课间活动。

第六种，交易型侵权行为，包括：没有按国家规定给困难学生发放生活费、组织学生校内收费晚自习、组织学生日常放学后有偿补习、组织学生校外收费辅导、组织学生周末校外收费辅导、组织学生假期收费辅导、给学生指定校外辅导班或辅导教师、给学生指定或推销教辅材料、向学生推销商品、收受家长红包等。

（4）行为结果。行为结果是判定基础教育阶段教师的行为是否构成侵权的重要因素。行为结果是基础教育阶段教师在教育或管理学生过程中侵犯学生的权利所造成的精神损害、人身损害、性伤害、疏忽伤害、经济损失、剥削、非法教育行为，或者影响教育秩序、社会影响恶劣的后果。基础教育阶段教师侵权行为的损害结果必须由立法授权的权威机构或专家来认定。基础教育阶段教师的侵权行为与行为损害结果必须存在因果关系。

2. 基础教育阶段教师侵权行为构成的主观要件

当基础教育阶段教师侵权行为具有上述客观要件，并不必然认定其构成侵权，基础教育阶段教师的行为目的和动机以及行为认知也是侵权行为定性的构成要件，不同的主观心理状态对认定某一行为是否为侵权行为，以及该承担何种法律责任有直接的联系，对认定和衡量法律责任具有重要作用。

(1) 行为目的和动机。基础教育阶段教师侵权行为是基础教育阶段教师的一种与职务相关的侵权行为，是在教学过程中，出于故意或过失，利用其职务侵犯了未成年学生的合法权利，导致学生的身心健康、人格健康、个人财产、平等权、受教育权、公共利益等方面遭受损伤，该行为是法律禁止行为，一旦触犯，需要承担相应的罚责。

基础教育阶段教师如下行为应属于合法的行为：制止未成年学生威胁到他人人身安全、违反课堂正常秩序的违规行为；强制没收或夺取未成年学生携带的危险品，如工艺刀、腰刀、单刃刀、双刃刀、三棱尖刀、折叠刀、刀片、匕首等；强制没收学生携带的放射性物品、腐蚀品、氧化剂和有机氧化物、汽油、硫酸、煤油、有毒物品；正当防卫；保卫他人的人身或财产。由于上述行为动机的正当性，基础教育阶段教师在这一行为过程中与学生产生身体上的合理碰撞，对学生造成的伤害可以免责。

(2) 行为认知。行为认知要件是指侵权行为的行为主体对自己违法行为的法律后果的认识。裁定一个行为是否构成侵权行为需要看行为主体对自己行为是否存在认知，行为主体在实施侵权行为时是出于主观故意，还是由于过失。主观故意是指行为主体明知自己的侵权行为会给未成年学生的身心健康、安全、公共利益造成伤害的结果，放任这种结果发生的心理状态；过失是指行为主体应当预见自己的侵权行为可能发生伤害学生身心的结果，因为疏忽大意而没有预见或者已经预见而轻信能够避免，以致发生这种结果的心理状态。当行为主体做出一个侵权行为具备了以上主客观要件，那么就可以断定其构成了侵权，要为其行为结果承担相应的法律责任。[1]

（二）基础教育阶段教师侵权行为的具体法律责任

我国现有的法律、政策，在基础教育阶段教师侵权行为具体法律责任方面的规定主要存在以下两方面的问题：第一，在侵权行为法律责任的具体内容上，没有针对未成年学生物质侵权、精神侵权、公共利益侵权而制定专门的具体法律条款；第二，侵权行为法律责任的推定只针对造成直接损害后果的违法行为，对于导致间接伤害的违反注意义务的行为，没有立法规定追究其法律责任。欧美国家在侵权行为的法律责任上，采用的是结果违法说和行为违法说。法学家倪佩尔代教授首倡行为违法说，在学界获得了不少支持者。行为违法说是针对间接侵权，即违反注意义务就等同于具备违法性。通过对侵权行为危害的分析，可以发现，基础教育阶段教师侵权行为可预测的后果包括对未成年学生造成心理机能的危害、大脑生理机能的危害和未来容易患各种心理疾病。这些心理学、精神学、脑科学的研究成果，为侵权行为的可预测性危害提供了科学依据，为立法规定侵权行为具体法律责任提供了科学依据。

结合我国立法关于责任形式的表述，以及欧美国家对于基础教育阶段教师侵权行为责任立法的成功经验，基于侵权行为的危害后果考量，以及基础教育阶段教师职业特点，我国基础教育阶段教师侵权行为主要涉及的法律责任为与其职务相关的行政责任。行政责任具体包括两类：一类是针对学校的行政处罚；另一类是针对教育工作人员的行政处罚。

---

[1] 刘辉. 我国中小学教师体罚及其法律责任研究 [D]. 北京师范大学硕士毕业论文，2005.

1. 针对学校的行政处罚

针对学校的行政处罚，行政主管部门需依据事实和法律对基础教育阶段教师侵权行为的主要负责人员、法人、其他基础教育阶段教师侵权行为相关工作人员予以处罚。行政处罚内容是针对中小学学校对基础教育阶段教师侵权行为管理疏忽、制度不健全、管理不合法所提出。根据《行政处罚法》，行政处罚方式从轻到重包括：警告、罚款、没收违法所得、责令停止招生、暂扣或者吊销办学许可证、行政拘留、法律和行政法规规定的其他行政处罚。

针对学校的具体处罚内容包括：第一，针对学校未实施基础教育阶段教师侵权行为法律教育和宣传工作，教育行政部门责令限期整改。超过期限未改者，给予罚款等行政处罚。第二，对于存在严重基础教育阶段教师侵权行为的学校，教育行政部门对其备案，并对其进行警告，对相关责任人进行行政处罚。第三，对于造成伤害事故、伤亡事故、重大人员伤亡事故的，教育行政部门根据其情节严重程度予以罚款，责令暂停招生、停止招生，吊销办学许可证，追究相关责任人法律责任。

2. 针对教育工作人员的行政处罚

针对教育工作人员的行政处罚主体是基础教育阶段教师侵权行为的主要责任人员、直接责任人员、其他侵权相关工作人员。行政处罚级别从轻到重包括：警告、罚款、没收违法所得、暂扣教师职业资格证、吊销教师职业资格证、行业禁入（终身禁止从事教育相关行业）、行政拘留、法律和行政法规规定的其他行政处罚。行政处罚是针对违反注意义务的基础教育阶段教师侵权行为，以及疏忽伤害、过失伤害未成年学生的违法行为。针对基础教育阶段教师侵权行为具体行政处罚的行为类型，由轻到重包括：第一，违反注意义务的侵权行为。第二，多项精神伤害、身体伤害、疏忽行为、非法教育、剥削行为。第三，持续时间长、多项精神伤害、身体伤害、疏忽行为、非法教育、剥削行为，且致使未成年学生身体或精神遭受损伤。第四，性虐待行为。第五，导致学生身心遭受巨大伤害，影响其正常学习与生活的侵权行为。行政主管部门组织专家或权威机构，依据事实和法律的有关规定对违法行为予以行政处罚。

3. 基础教育阶段教师侵权行为其他法律责任

基础教育阶段教师侵权行为涉及民事赔偿或刑事犯罪的，移交相关部门处理。

（三）基础教育阶段教师侵权行为审查程序

我国教育行政部门还没有立法规定基础教育阶段教师侵权行为的审查程序。根据程序正义理论，教育行政部门在执行职业侵权行为监察过程中，必须符合法定程序。为了保障学校、教师、学生等相关各方的权益，根据程序正义理论，借鉴国际上关于基础教育阶段教师行为监管审查程序上的成功经验，我国教育行政部门惩处基础教育阶段教师侵权行为需要遵守法定程序，坚持程序正义原则。第一，教育管理部门需要对基础教育阶段教师侵权行为投诉对象和内容进行认证，即投诉对象是否为自己管辖范围内的基础教育阶段教师，投诉内容是否属于基础教育阶段教师侵权行为。第二，一旦受理投诉，教育管理部门对基础教育阶段教师侵权行为的审查需要遵循程序正义原则。首先，基础教育阶段教师管理部门需要书面通知基础教育阶段教师投诉内容以及具体证据。其次，要求基础教育阶段教师在规定时间内做出回应，不做回应的应书面通知校方暂停其教学活动。再次，教育管理部门需要对所投诉案件进行审查、取证，即获取与投诉相关的证据，获取证据结束后，要求基础教育阶段教师签署证据事实声明书，如果基础教育阶段教师对所获得的证据不服，可以组织各相关方举行听证会，听证会上，投诉方和基础教育阶段教师都可以举证，由与基础教育阶段教师无利益冲突的专职负责人对证据进行检查，以及听取证人举证事实。最后，教育管理部门根据证据做出决定，基础教育阶段教师对于决定持有异议的，该基础教育阶段教师侵权行为投诉可以移交上级部门进一步审查。在基础教育阶段教师职业伦理监管审查程序上，应遵守法定程序，在投诉认证，证据审查、取证、做出决定整个过程中，仅对基础教育阶段教师和投诉人实施信息公开原则，对其他人实施信息保密原则。

二、中观层面：建立各级各类基础教育阶段教师侵权行为防范与规制要素管理体制

为了创建科学的、行之有效的基础教育阶段教师侵权行为管理体制，应开展以下几方面工作：其一，将基础教育阶段教师侵权行为防范与规制补充到《教师法》《义务教育法》《中小学教师职业道德规范》，以及全国各地制定的《中小学教师职业道德规范》等法律法规和教育政策中。其二，建立学校内部教师侵权行为管理体制，明确学校管理教师的具体职能和权力边界。其三，建立基础教育阶段教师侵权行为行政管理体制，明确相关部门管理教师的具体职能和权力边界。

（一）将基础教育阶段教师侵权行为防范与规制政策补充到教育法律法规政策中

将基础教育阶段教师侵权行为防范与规制政策补充到如《教师法》

《义务教育法》《中小学教师职业道德规范》，以及全国各地制定的《基础教育阶段教师职业规范》等法律法规和教育政策中，不仅可以让教育者在教育过程中自知应该做些什么，不应该做些什么，以身作则，践行教师政策，而且能够更好地促进教育管理，促进相关法律法规和教育政策的有效实施。本书在建构基础教育阶段教师侵权行为构成类型时，采用多元主体征求意见法，分别调查了法学专家、教育学专家、管理学专家、教育行政领导、律师、基础教育阶段教师、心理咨询师、学生家长、学生对于基础教育阶段教师政策内容的看法及意见，采用科学的数据分析方法，从基础教育阶段教师角度提出我国基础教育阶段教师职业侵权行为理论框架包括 3 个维度、6 个亚维度、43 个条目，从教育实践出发，内容具体、可操作性强。我国在构建教师职业行为管理等法律法规和教育政策中，在基础教育阶段教师侵权行为内容上可以采用或借鉴本书，具体列出基础教育阶段教师侵权的行为。

（二）建立学校内部基础教育阶段教师侵权行为防范与规制管理体制

学校是教育法律法规和教育政策的实施机构，是整个国家基础教育阶段教师侵权行为管理体制得以构成和运行的前提。为了更好地规范基础教育阶段教师职业行为，需要在学校内部建立教师侵权行为管理体制。学校作为教育实施机构，需要根据本校的实际情况，结合国家相关政策，制定符合国家要求、本校需要的学校内部教师侵权行为管理体制。在学校内部管理机构中，依据基础教育阶段教师侵权行为管理过程可划分为侵权行为管理决策或领导机构、侵权行为管理执行机构、侵权行为咨询机构和侵权行为监督反馈机构等。这些机构需要结合国家、各级行政部门、当地政府颁布的关于基础教育阶段教师侵权行为管理的相关政策法规，形成学校内部的基础教育阶段教师侵权行为在决策与领导、执行、咨询、监督反馈等方面的管理制度。在学校内部基础教育阶段教师侵权行为管理体制的两个基本要素中，学校是基础教育阶段教师侵权行为管理体制的载体，基础教育阶段教师侵权行为各项制度是教师职业行为管理体制的核心。❶

建立学校内部教师侵权行为管理体制，需要明确基础教育阶段教师管理学生的职能和权力边界。根据本书的研究成果以及欧美国家关于基础教育阶段教师权力边界的规定，当前基础教育阶段教师管理学生的权力可以归纳为以下内容。

管理学生的物质权力。第一，为了保护所有学生的人身安全，基础教育阶段教师有法定权力没收学生携带的危险品，包括刀具、牙签、有毒物品等。如果学生拒绝上交危险品，基础教育阶段教师有权力强制没收危险品。第二，为了避免侵犯学生的物质权利，当学生携带或使用如手机、电子游戏等影响学习的物品时，教师有权力暂时没收，放学后归还，并告知家长。

管理学生的精神权力。第一，教师有权力口头训斥违规学生；对未完成学习任务学生布置额外任务或者重复练习直到达标为止，但是不能超出国家规定作业时间；教师有权力撤除学生的班干部职务等；惩罚学生参加值日服务，如捡垃圾或打扫学校、清理教室等。第二，对于学生课间正当生理需要，如如厕等，教师有权批准学生，其间学生出现的任何事故，教师不承担法律责任。第三，教师有权规定课后作业，作业量时间为小学低于 60 分钟、初中低于 90 分钟，作业量的时间为各科作业总数相加的时间。第四，教师有权按学生身高排座位，视力有特殊情况

---

❶ 孙绵涛，康翠萍. 关于教育体制改革与制度创新关系的探讨 [J]. 教育科学研究，2009 (8)：21 - 24.

的学生，教师有权力安排其在靠前的位置，教师无权按成绩排座位。

管理学生的公共利益权力。第一，基础教育阶段教师任命班干部遵循公平竞争原则。对于表现突出的学生，基础教育阶段教师有权任命其为班干部。第二，科任教师有权拒绝其他教师调换其课程、带走个别学习成绩差学生或停课等影响学生上课的要求。第三，基础教育阶段教师有权在课间或学生活动时间允许学生使用学校的体育设施（体育设施为国家质量检查过关产品，并且学校定期检查）。学生在玩耍过程中出现的事故，学校和教师不承担责任。第四，基础教育阶段教师有权按教学进度表上课，有权拒绝正常教学以外的其他课外辅导工作。第五，基础教育阶段教师有权拒绝学校指定教辅材料、推销商品。

（三）建立基础教育阶段教师侵权行为防范与规制行政管理体制

建立基础教育阶段教师侵权行为防范与规制行政管理体制是当前基础教育发展的必然趋势。2019 年，中共中央、国务院出台了《关于全面深化新时代教师队伍建设改革的意见》，要求各级党委和政府无论从认识和实践上都要全面抓好教师队伍建设工作。为了有效处理国家、地方、教育行政部门、学校在教师队伍建设管理过程中的权限关系，更好地促进教师队伍建设，需要建立基础教育阶段教师侵权行为行政管理体制，主要为国家和地方各级党委和政府对整个基础教育阶段教师侵权行为宏观管理的体制。从层级来看，包括中央教育行政体制和地方教育行政体制；从类型来看，包括教育财政体制、教育人事行政体制、教育业务行政体制（如教学德育、安全管理、学业评估等方面的行政体制和教育督导体制等）。

国家对各级各类学校的基础教育阶段教师侵权行为管理制度包括

《教师法》《未成年人保护法》《中小学教师职业道德规范》《中小学教师违反职业道德行为处理办法（2018年修订）》以及各地颁发的《中小学教师职业道德行为规范》等教育法律法规及政策文件。

我国基础教育阶段教师侵权行为行政管理体制需要明确国家、地方、教育行政部门、学校教师的权责，提高基础教育阶段教师侵权行为管理纵向的教育行政效力。

第一，建立基础教育阶段教师侵权行为行政管理体制需要依法明确基础教育行政部门和地方政府的权责。首先，教育行政部门应在自己的职权范围内做好基础教育阶段教师侵权行为的管理工作。其次，需要立法明确教育行政部门与同级政府其他业务部门在基础教育阶段教师管理过程中的权责。教育行政部门在管理教师职业行为时，需要与相关部门协调，如监督部门、评估部门、财务部门等。据调查，由于教育行政部门与其他业务部门的权责不清，在基础教育阶段教师职业行为绩效考核过程中，对于违规教师的管理多流于形式。为了有效管理基础教育阶段教师职业行为，应依法明确各管理部门的权责。

第二，建立基础教育阶段教师侵权行为行政管理体制需要依法明确教育行政部门与上级教育行政部门的关系。教育行政部门是上级政策具体业务实施部门，又同时受同级政府的领导。双重领导体制要求建立基础教育阶段教师侵权行为行政管理体制，明确教育行政部门在管理基础教育阶段教师侵权行为方面的合法地位。当前地方教育行政部门在制定基础教育阶段教师考核制度时，所参照的政策材料多为政府文件，几乎没有提及上级教育行政部门规范基础教育阶段教师职业行为的文件，也没有提及国家基础教育阶段教师职业行为的相关政策文件。为有效管理基础教育阶段教师侵权行为，需要依法明确教育行政部门与上级教育行政部门在管理基础教育阶段教师侵权行为方面的权责。

三、微观层面：学校依法治教

学校应该依法治教，依法包括两个方面：一是依科学的方法；二是依教育法律法规。科学的方法是指遵循未成年学生身心发展规律，持"以学生成长为中心"的管理方法。依教育法律法规是指学校应培养基础教育阶段教师养成依法执教、立德树人的教育价值观。基础教育阶段教师开展教学的底线规则为在教育立法的法律边界内开展教学；上线规则为遵循仁、义、礼、智、信职业道德观。

（一）建立"以学生成长为中心"的学生评价体系

基础教育阶段教师惩罚学生的方式存在三种错误方法：报应法、惩戒法、改造法。这些方法不利于学生身心健康成长。为了保护学生的身心健康，基础教育阶段教师在评价违规学生过程中要严禁使用报应、惩戒、改造的处理方式，而应该从干预角度，辅助学校心理咨询师、家长，持以学生为中心的理念来帮助学生认识自己的问题，帮助学生成长。

1. 管理学生常见错误方法

（1）报应法。采用报应方法的教师认为惩罚是一种报复或报应，是一种冥冥之中的因果报应形式，认为犯错误的学生需要为自己的行为付出代价，品尝到自己种下的苦果。持此理论的基础教育阶段教师常常采用惩罚方式管理学生：虐待性惩罚，如处罚学生反复写上百遍的作业，公开罚站、罚饿、罚冻、关禁闭；侮辱性体罚，如打手板、罚跑步、蹲讲台、把成绩差的学生放后排座位。

(2) 惩戒法。惩戒法与报应法有一致的部分，都积极主张应当对犯过者采用一定的报复方式来惩治其罪过，但与报应法在目的上存在不同，报应法局限于通过以罪易罪、以罪抵罪的方法来处罚学生，使其通过经历惩罚痛苦体验后知道悔改；惩戒法意图产生一种反面示范的效应，杀一儆百，对于未犯错误学生产生威慑作用。持惩戒法的基础教育阶段教师通常采用走廊罚站、公开批评、全校通报、发布批评通告、取消其科任课、到办公室完成任务等公开警戒的方式管理学生。

(3) 改造法。改造法主张对违规者采用补救型惩罚的方法进行行为修正。持此观点的教师认为，对违规者采用威慑及教育性的补救措施，使其在改造中认识到自己的错误，通过行动惩罚使其悔改。持改造论观点的教师采用的补救型惩罚包括罚值日、罚学生写忏悔书、罚钱、暂时撤销学生某个职务等方式。

报应论、惩戒论、改造论被认为是"以教师为中心"，而不是"以学生为中心"，无法从学生角度重新建构新的、健康的行为模式，同时，忽略了未成年学生的身心发展特点，忽略了学生处于认知成长期，忽略了未成年学生早期的心理创伤，不了解教师所采用的报应、惩戒、改造的方法对学生身心伤害的潜在危险，不了解犯错是学生成长过程中一个完善其行为、认知、人格的良好契机。

未成年学生还没有形成独立认知，他们对自己的判断往往依据外界的评价。报应论、惩戒论和改造论方式对未成年学生内心产生的负面信息会深刻地内化到学生认知，往往持续到其成年，并强烈影响学生与他人的互动以及他们对自己的感受。他们可能过于防御性强，咄咄逼人，胆怯或自卑，无法与周围的人充分沟通。学生一旦形成消极条件情绪反应，未来会影响其健康人格、心理健康，对未来人生带来负面影响。

报应论、惩戒论、改造论存在一些基本的误区，把惩罚放到更为突出的位置来考虑，把关注的重点放在学生违反纪律的不良结果，没有去了解学生违反纪律的成因、动机。错误地认为惩罚是纠正学生不良行为的唯一途径，而不是了解学生违反纪律背后真正的内在心理需要，纠正学生的错误认知。

2. 问题学生科学管理方法

根据达尔文的进化论，人类的学习是自然选择过程的结果，是一种自然倾向能力，学习应该是自然发生的经验过程。杜威认为，进化论提出了人类在自然环境下自然成长的特征，学校教育的价值在于为孩子提供一种促进他们持续发展的环境。❶ 杜威认为，既然教育过程定义为孩子在自然状态下的发生发展过程，那么孩子的教育发展过程取决于孩子自身，而非取决于起外部作用的教师。在教育对人类发展的观点上，学者们与杜威持相同看法，即认为教育的目的是激发孩子的潜能与自然发展。在促进孩子发展的研究中，埃里克森、皮亚杰、维果斯基所进行的研究取得了关键性成果。建构主义理念提出，学习的过程比学习成绩更重要，教育过分强调考试成绩对学习者的损害是终身的。很多学者通过教育实证研究证明，儿童中心论和自然发展观对儿童认知发展、人格健康具有积极的作用。报应论、惩戒论、改造论阻碍了儿童认知发展以及形成健康人格。

从理论来源来看，建构主义以学生为中心的基本原理属于心理学范畴。埃里克森、皮亚杰、维果斯基都强调从学生学习角度解决学生的处理问题方式，学生中心论强调了解学生的需要，发现学生的问题，进而提高学生认知技能，纠正行为不良学生的错误认知。认知技能是学生为

---

❶ 杜威. 民主主义与教育 [M]. 王承绪，译. 北京：人民教育出版社，2001（5）：20-40.

了成功地在学校学习而需要的心理能力。基础教育阶段教师最重要的不是采用惩罚的方式处理不良行为学生,而是需要识别行为不良学生存在哪些认知问题。

遭受忽视、侮辱、虐待或暴力行为往往会导致学生出现学习问题和行为问题,通常学生行为问题被认为是可怕和令人沮丧的创伤事件所造成的结果。许多学生在其早期成长过程中不断遭受创伤,他们在家里或幼儿园遭受虐待、忽视、身体暴力或语言暴力。对于教育工作者来说,辨别创伤学生是改善学生行为问题的关键,需要具有心理学知识作为认识基础,因为孩子们通常不会以一种易于辨认的方式来表达他们所感受到的痛苦,他们可能会用具有攻击性或令人厌恶的行为来掩盖他们的痛苦。哈佛医学院的学校顾问和精神病学副教授、儿童和青少年精神病学家拉帕波特博士说:"他们是确保你不会看到他们流血的高手。"[1] 识别与干预学生问题可以帮助教育工作者理解创伤学生令人困惑的行为,避免处理不当而进一步伤害儿童。拉帕波特博士认为,这些问题学生在学校遇到的障碍包括:难以与教师建立关系、自我调节能力差、消极思维、高度警惕、执行职能存在挑战。以上这些特点可以作为识别创伤儿童的症状。

(1) 师生关系困难学生管理。行为存在问题的未成年学生往往难以与教师建立和谐的师生关系。拉帕波特博士调查发现,被忽视或被虐待的儿童在与教师建立关系方面存在问题,他们已经学会了提防成年人,甚至那些看起来可靠的人,这是缘于他们童年时期曾经被他们所依赖的人忽视或背叛。这类孩子没有寻求帮助的背景,他们无法像成年人一样

---

[1] 杰西卡·米纳汉,南希·拉帕波特. 破解问题学生的行为密码:如何教好焦虑、逆反、孤僻、暴躁、早熟的学生 [M]. 杨颖玥,张尧然,译. 北京:中国青年出版社,2014: 10-35.

认识到自己的需求。美国儿童心理研究所创伤和复原中心主任霍华德博士补充说，这类孩子中的许多人在生活中还没能与成年人建立起安全的依恋关系，他们需要帮助才能让其他成年人进入他们的生活，其原因是孩子们没有形成可以信任别人的早期模式。

拉帕波特博士认为，学校不应该放弃这些孩子，更不应该采用报复型、惩戒型、改造型方式惩罚这些孩子，而是需要与他们合作，改变他们的行为。她解释说，当一个学生在课堂上表现不恰当，教师需要认识到他们所表达的强烈情感。比较遗憾的是，当孩子们行为不端时，学校经常采用惩罚型措施，而不是解决他们的问题，学校对挑衅和拒绝合作的孩子们往往没有耐心。

拉帕波特博士强调承认创伤儿童情感并试图识别其情感的重要性，承认和识别孩子的情感可以以一种更恰当的方式来表达它，而不是直接判断行为采用扣分、取消特权或惩罚等方式。拉帕波特博士解释说：沟通是处理问题行为儿童的第一步，需要帮助孩子学会以不疏远他人的方式表达自己，通过沟通的方式与孩子建立良好的师生关系，然后通过沟通的方式帮助孩子解决问题。与经历过童年创伤的人建立信任关系具有挑战性，因为受伤儿童在人际关系中反复受到伤害，形成了一种防范意识，他们经常保持警惕、谨慎、怀疑或愤怒的心态，本能地隐藏自己。他们自己也可能误导或阻止治疗者太早地了解他们。因此，家长、教师或治疗师需要时间让受伤儿童感到安全，足以让他们通过沟通的方式诚实地说出自己的感受，并与他们建立信任关系。

（2）自我控制能力差学生管理。行为有问题的学生往往难以控制自己强烈的情绪。霍华德博士指出，当婴儿和蹒跚学步的孩子们在他们的生活中被成年人抚慰时，他们学会了平静和安慰自己。如果他们没有这样的经历，因为被忽视，安全依恋系统导致他们的自我协调能力慢性失调。

在课堂上，教师需要支持和指导这些孩子，让他们冷静下来，学会控制自己的情绪。在管理他们的行为方面，教师需要成为他们的合作伙伴，共同监管优于自我调节。当孩子感到沮丧时，教师需要帮助他们改变情绪。当学生感到不知所措时，教师需要为他们进行情绪放松心理训练。

加拿大温莎大学哈坡博士强调协作和授权是有效帮助自我协调能力差的儿童的关键。当受伤害儿童积极参与协作，并对影响他们的决定有控制权时，他们受益最多。相反，对受伤害儿童来说，被动顺从会复制被虐待的感觉。哈坡博士等人在对出院6个月后的30名被虐待儿童进行深入访谈后发现，治疗师在努力寻找解决方案时需要培养受伤儿童的自我控制力，治疗师遵循受伤儿童的指示，而不是引导或迫使他们遵循特定的行动方式，被认为是最有帮助的。

（3）消极思维学生管理。有些学生存在不良行为是因为童年创伤所导致的错误自我认知。他们认为自己是坏孩子，发生在他们身上的一切都是他们的错，这导致人们不喜欢他们，也不会善待他们。正如霍华德博士说的："我是个坏孩子。我为什么要在学校做得好？坏孩子在学校里表现不好。"受创伤的孩子也倾向于形成霍华德博士所说的"敌意归因偏见"，即每个人都对他们有敌意的想法。举例来说，当教师说"坐在你的座位上"，他们听到的是夸张、愤怒和不公平的命令。所以，受创伤孩子会非常迅速地表现出急躁的情绪。正如拉帕波特博士所说：他们看到的是否定的，而我们看到的是中性的。拉帕波特博士指出，来自虐待家庭的儿童有时无法参与课堂活动，他们因害怕犯错而反应缓慢，这样的行为使他们看起来仿佛在与教师对立。拉帕波特博士解释说，这种害怕犯错是因为他们童年所犯的小错误招致了成年人的愤怒或惩罚。

面对这样的孩子，教师或家长首先需要识别受创伤孩子的消极思想，这是朝着改变这些消极模式迈出的第一步。此外，教师需要支持他们在课堂上取得更大的成功，让他们认识到，犯错是学习的必要组成部分，不断帮助这些孩子改变消极的想法，改变孩子的自我认知。[1]

（4）高度警惕学生管理。有些学生因为童年的创伤导致高度警惕，这是生理上的过度觉醒。童年经历创伤的儿童情绪通常很紧张，反应夸张。在行为上，容易出现失控的行为，过往的创伤经历导致他们处于高度警觉状态。他们容易被误诊为注意缺陷多动障碍、小儿多动症。高度警觉状态使他们的神经长期处于激动状态，导致入睡困难和慢性易怒。拉帕波特博士指出教师帮助此类孩子的关键是以一种控制的方式匹配他们的情感。教师与学生沟通的目标是要与他们的感情建立信任的联系。如果教师能与他们想要表达的心理语言联系起来，他们就会和解。[2]

在与创伤儿童交流时，保持希望与尊重是至关重要的。尊重的方式包括表达形式尊重、准时、语言的敏感性、承认自己的错误与不确定、尊重创伤儿童观点。虽然同情创伤儿童的当前痛苦和绝望非常重要，但更重要的是要保持对创伤儿童未来的憧憬。若兹采儿德强调"希望"对于缓解创伤儿童的警惕性至关重要。教师或家长需要帮助创伤儿童进行自我识别，帮助受伤儿童识别他/她已经拥有的资源，包括内部资源，如幽默感和防御机制，人际资源，如友谊、家庭、宠物、信仰系统等。[3]

（5）执行功能差学生管理。慢性创伤影响学生的记忆力、注意力、计划、思考以及其他执行功能。患有创伤的孩子在这些技能方面都有可能受到损害。执行功能困难不仅影响完成学校任务，而且影响孩子自我

---

[1] Caroline Miller. How Trauma Affects Kids in School [EB/OL]. [2018-04-14]. https://childmind.org/article/how-trauma-affects-kids-school/.

[2] Rappaport, Jessica Minahan. The Behavior Code: A Practical Guide to Understanding and Teaching the Most Challenging Students [M]. Harvard Education Press, 2012.

[3] Best Practice Guidelines for Working with Adults Surviving Child Abuse [EB/OL]. [2018-04-14]. http://peirsac.org/peirsacui/resources/resources60.pdf.

管理的能力。有一件事往往会让那些受到创伤的孩子感到不安,那就是他们很难预测未来——不知道将来会发生什么,这给孩子们带来不安和焦虑。拉帕波特博士指出,这些孩子可以从反复出现的事情和他们应该期待的事情中受益。

创伤学生另一个很弱的执行功能是自我叙述能力差,即创伤学生在执行一项任务的过程中,通过他们需要做的事情,在心里与自己交谈。这是一种幼儿在婴儿时期听父母说话所学会的技能,拉帕波特博士指出,如果他们没有这种经历,教师需要帮助儿童发展这种技能。❶

对于执行功能差的学生,除了与其建立良好的关系,帮助他们培养缺失的技能外,拉帕波特博士还强调给予他们尽可能多积极关注的重要性。长期被忽视的孩子往往更善于通过激怒他们所依赖的成年人来获得关注,而不是满足他们的期望。"负面关注是快速、可预测和有效的",拉帕波特博士指出。教师需要迅速、可预测和高效地积极关注这些孩子。积极的关注不仅包括赞扬他们所期望的行为,还包括表达温暖和善意。❷ 如果教师、家长或抚养人采用暴力的方式来对待这些孩子,其执行能力会更差,会影响其学业、生活、健康人格形成。

(二) 培养教师依法执教、立德树人的职业价值观

康德说自由即自律,自律是最大的自由。通过自律的方式给教师自由,不仅可以保护学生权利,更是为了保护教师权利;不仅是保护学生的人心健康,也是为了保护基础教育阶段教师的身心健康。同时,也是

---

❶ 杰西卡·米纳汉,南希·拉帕波特. 破解问题学生的行为密码:如何教好焦虑、逆反、孤僻、暴躁、早熟的学生 [M]. 杨颖玥,张尧然,译. 北京:中国青年出版社,2014:30-45.

❷ Caroline Miller, How Trauma Affects Kids in School [EB/OL]. [2018-04-14]. https://childmind.org/article/how-trauma-affects-kids-school/.

在保护国家基础教育公益，维护社会文明，为了更好地促进师生之间的关系，促进教育对社会的积极影响力。基础教育阶段教师侵权行为与自身身心健康、学生身心健康、社会健康、人与人之间的关系、地球的健康都有着息息相关的联系。

仁、义、礼、智、信是儒家最重要的五个道德原则，应该成为教师立德树人的职业价值理念，不仁、不义、不礼、不智、不信之人不能做人民教师。教师奉行仁、义、礼、智、信，是实现中华传统文化传承的必要途径，也是实现我国21世纪立德树人教育任务的关键。

1. 仁爱

仁爱从范围上划分可以分为三种递进的层次：第一种，体现为亲人之爱；第二种，体现为对他人之爱；第三种，体现为万物之爱。具体落实在基础教育实践中，仁爱对应保护。

在教学实践中，基础教育阶段教师对学生的仁爱不仅是爱护自己，更是以仁爱育仁爱，率先垂范，在行为上为学生做示范。上课时，教师尊重每个学生、平等对待每个学生、爱护学生，这样言传身教，学生也学会了仁爱与尊重。对于学习有困难的学生，基础教育阶段教师让学生感受到老师的爱，通过启发感召的方式，潜移默化地帮助学生健康发展，对于违反纪律的学生，基础教育阶段教师同样采用仁爱观，帮助学生明确行为目标，采用赏识、激励的方式帮助学生成长。

2. 正义

从词源角度讲，正义对应平等、公平。对于人民教师而言，正义也应是其知情意行中重要的品质之一。正义对应平等，基础教育阶段教师在学校按成绩排座位、排考场违背了平等原则。正义的反面是贪婪，基础教育阶段教师收取家长红包、没收学生私人物品、凭私人关系安排班干部，为自己所教授学生进行有偿课外辅导等行为违背了正义原则。

教师在教学实践中应培养学生是非、善恶的道德认识和价值评价。"其身正，不令而行，其身不正，虽令不从"，教师应该以身作则，对学生负责，发挥言传身教的表率作用。

3. 礼敬

"礼敬"是礼貌尊敬的意思，孔子言："非礼勿视，非礼勿听，非礼勿言，非礼勿动。"[1] 人民教师应该如孔子所言："质胜文则野，文胜质则史，文质彬彬，然后君子。"身为教师需要尊重学生，对学生以礼相待，"礼"与不邪淫相对应，邪淫是指性倾向虐待行为，教师需要见、听、言、行都有礼，为人师表，这样才能言传身教，学生才能依教奉行。

从具体教学行为上来讲，基础教育阶段教师保持言谈教育礼敬包括三方面内容：第一，与学生交往，言之有礼。白居易有言"平易近人，人必归之"。也就是说，师生关系之间保持言谈有礼，学生必然也会效仿学习。《西岩赘语》提出，师生交往"意要安定，色要温雅，气要和平，语要简切，心要慈祥"。如果基础教育阶段教师的语言美如芬芳的兰花，沁人心脾，必然会引起学生的尊重与钦敬，乐于就教。第二，尊重学生，行为礼敬。基础教育阶段教师在教学过程中尊重学生的个性与权利，与学生以平等、礼敬的态度交换思想、互通意见、不粗鲁、不暴力。第三，基础教育阶段教师从事教育事业诚实无欺，遵守基础教育阶段教师职业行为规范。基础教育阶段教师应遵守基础教育阶段教师管理

---

[1] 杨伯峻. 论语译注 [M]. 北京：中华书局，1980：123.

相关法律条例，举止文雅、谈吐和气，为学生做好表率。

4. 理智

理是指一个人用一定的理论去分析事件发生、发展的过程与结果，智通常是指一个人有一种智慧和智商。引申到基础教育领域，理智就是基础教育阶段教师能够凡事依靠客观科学规律和道德原则来处理学生事件的能力。

在教学过程中，基础教育阶段教师处理问题学生应该采用客观、科学的方法理智地进行判断。基础教育阶段教师需要提高学生认知技能和解决学生学习存在的问题。

5. 诚信

所有事物的良性发展，都需要依靠一个人的诚信。"人无信不立"从词义上来讲可以解释为，一个人如果没有信用，是无法在社会上立足的。当教师失信于学生，就会为教学管理带来很多的阻碍，教师的行动力就会受阻，长此以往就会形成职业倦怠。

在具体基础教育教学实践中，应从以下方面保持教师诚信：第一，基础教育阶段教师需要工作认真，坚持实事求是的精神。第二，教学过程中言必行，守信用。第三，在教学过程中廉洁奉公，严谨从事教学工作。

（三）培养学生权利意识

1. 确立未成年学生权利内容

有效保护未成年学生的权利需要明确未成年学生的合法权利。未成年学生权利包括精神权利、物质权利、公共利益权利。未成年学生的物质权利包括两方面的内容，分别为危险品免受伤害权利和个人物质权利。未成年学生的精神权利包括人身权利和人格权利。公共利益权利包括受教育机会平等权利、受教育内容平等权利、受教育进度平等权利、课间休息权利、节假日休息权利、困难生接受生活费补助权利等。

2. 通过法律形式明确未成年学生权利

从现有教育部发布的学生权利保护相关政策的效力来看，已有的政策文件已发挥了指导式功能，但其落实效果并不明显，需要国家立法确立未成年学生的权利。未成年学生权利是法律予以保护的一种权利，同时也是未成年学生、基础教育阶段教师的一种行为规范，通过立法形式确立可以指引未成年学生和教师自觉形成权利意识，知道哪些行为必须做，哪些行为禁止做，对自己的行为会事先进行评估，对如何保护自己的权利、不侵犯他人的权利有明确的认识。

3. 未成年学生权利意识培养途径

2016年教育部提出将义务教育小学和初中教材《品德与生活》《思想品德》统一改为《道德与法治》。为培养未成年学生权利意识，在《道德与法治》教材中可以进一步具体描述基础教育公共利益的内容，同时对未成年学生的物质权利、精神权利进行进一步细化。

（四）建立学生维权沟通机制

1. 建立信息公开学生维权沟通平台

建立信息公开学生维权沟通平台，可以保证相关政策在公开、公平的环境下得以落实,既能保护未成年学生的权利,又能保护家长和教师的权利。学校和教育行政部门建立维权沟通平台,可以更好地协调学校与教育行政部门、学校与家长、学校与学生之间的关系。未成年学生和基础教育阶段教师可以通过平台咨询、沟通、维护各方的权利。教育行政部门可以通过信息公开平台了解学校管理情况和学生、教师权利保障情况。

2. 制定未成年学生维权体制

学生维权沟通体制是教育机构和规范两个要素的结合。建立学生维权沟通体制的主体包括作为教育执行部门的学校和作为教育管理部门的教育行政部门。教育规范是指国家法律制度、教育部文件、教师职业道德规范、当地政府根据当地教育现状而规定的软性制度。首先,学校和教育行政部门需要建立学生维权沟通体制,学校根据国家发布的法律政策文件要求,以及当地软性制度需要,通过网络公开平台建立学生维权沟通体制。学校学生维权沟通体制是整个教育体制得以构成和运行的前提;教育行政部门管理体制是整个教育体制得以构成和运行的保障。

3. 形成学生维权沟通机制

学生维权沟通机制包括学生维权沟通的层次机制、学生维权沟通的形式机制和学生维权沟通的功能机制三种基本类型。学生维权沟通的层次机制主要包括宏观学生维权沟通机制、中观学生维权沟通机制和微观学生维权沟通机制。宏观学生维权沟通机制是指通过国家立法、教育部发布文件来实现学生维权。中观学生维权沟通机制是指发动各级各类地方教育行政部门、学校和校长及社会人士参与维权沟通过程,主要通过地方网站、投诉机构、学校家长委员会等途径进行维权。微观学生维权沟通机制通过学校内部管理来实现，针对具体的学生受到侵权后如何进行维权。学生维权沟通的形式机制可以分为由国家统筹管理的行政计划式，地方各级政府和教育行政部门根据国家立法以及结合各地制度特殊进行的监督服务式，由学校内部通过教学、心理干预、家长沟通进行的指导服务式。行政计划式是采用官方立法手段进行维权管理。监督服务式是采用行政计划和指导服务相结合的方式，即通过沟通、咨询、听证等方式。指导服务式是教育行政部门或学校教师职业行为管理部门通过科学调查、指导的方式，为维护学生的权利提供相关指导信息。

第八章　基础教育阶段教师侵权行为防范与规制研究结论

一、基础教育阶段教师侵权行为防范与规制要素理论框架

本书构建的基础教育阶段教师侵权防范与规制行为框架为防范与规制物质侵权、防范与规制精神侵权、防范与规制公共利益侵权3个维度及防范与规制危险品侵权、防范与规制私人财物侵权、防范与规制人身侵权、防范与规制人格侵权、防范与规制影响型侵权、防范与规制交易型侵权6个亚维度构成，共43个条目。

在具体研究过程中，我们通过深度访谈，获取了关于教师侵权的一手资料，通过数据收集、初始编码、聚焦编码和理论编码等步骤，整理了基础教育阶段教师侵权行为类型，建构了基础教育阶段教师侵权行为防范与规制问卷。为了进一步验证理论框架，通过家长问卷调查法收集数据后，采用SPSS 21.0统计软件进行统计、分析，验证基础教育阶段教师侵权行为防范与规制内容框架具有较高的信度和效度。最后证实了基础教育阶段教师侵权行为防范与规制理论框架可以有效检测当前基础

教育阶段教师侵权行为。

二、基础教育阶段教师侵权行为现状

本书从物质侵权、精神侵权、公共利益侵权3个维度对调查问卷进行分析，指出当前基础教育阶段教师侵权状况。总体来看，理论框架43个条目中，基础教育阶段教师存在22项较为严重的侵权行为。在3大侵权维度中，基础教育阶段教师对未成年学生精神侵权现象最为严重，公共利益侵权行为种类最多，物质侵权中私人物品侵权行为最少，但是在危险品侵权行为上均值最高。

就精神侵权来看，当前基础教育领域由于受高考、中考、小学统考或抽考制度影响，教师常常布置超负荷作业量。中小学按成绩排座位、分班、分考场现象较为普遍。中小学取消个别学生上非主科课或非中高考科目课现象比较多。当前基础教育领域也存在教师当众羞辱学生、辱骂学生、贬低学生、嘲笑学生现象。

就公共利益侵权而言，由于国家既没有立法规定禁止公共利益侵权行为，也没有立法规定公共利益侵权行为相应的法律责任，在管理上存在盲区。为此，存在的公共利益侵权现象种类比较多。按公共利益侵权行为严重程度排列依次为：①向学生指定或推销教辅材料；②凭私人关系任命班干部；③组织学生假期收费辅导；④收取影响其职务行为的金钱及礼物；⑤利用个人职务获取私利；⑥组织学生周末校外有偿辅导；⑦取消学生课间活动；⑧组织学生日常放学后有偿补习；⑨将教学进度课程内容安排在课外辅导班上讲；⑩收受家长礼金任命班干部；⑪取消全体学生上科任课（非主科课或非中考、高考学科课）；⑫组织学生校内收费自习；⑬给学生指定校外辅导班或辅导教师；⑭教师指定校内辅导课或辅导教师。

就物质侵权而言，3个条目均值显示高于标准。危险品侵权包括：第一，没有没收学生携带刀具（铅笔刀除外），如工艺刀、腰刀、单刃刀、双刃刀、三棱尖刀、折叠刀、刀片、匕首等；第二，没有没收学生携带放射性物品、腐蚀品、氧化剂和有机氧化物、汽油、硫酸、煤油、有毒物品；第三，没收学生私人物品（危险品除外）。尽管治安管理条例规定公共场所禁止携带危险品，但是，迄今为止，我国没有立法授权教师强制没收学生携带的刀具或危险品的权力，也没有政策法规规定凡是教师见到学生携带危险品或刀具就予以没收。危险品侵权在基础教育阶段教师职业侵权管理上属于盲区，存在巨大安全隐患，需要高度重视。

三、基础教育阶段教师侵权行为成因

在揭示基础教育阶段教师侵权行为现状后，本书通过访谈、搜集政策文本，从教师维度、学校维度、教育行政部门维度三个层面挖掘当前基础教育阶段教师存在侵权行为的原因。

从教师维度看，我国基础教育阶段教师管理学生权责边界模糊。由于无法可依，基础教育阶段教师并没有意识到自己的某些行为已经构成侵权，如按成绩排座、排考场、指定教辅材料、当众羞辱学生等。基础教育阶段教师缺少科学的学生评价体系，评价学生趋于唯分数的功利主义做法，导致侵权行为屡屡发生。基础教育阶段教师协同家长促成公共利益侵权。班主任课外有偿辅导的背后始作俑者多为家长，家长与教师合作促成公共利益侵权。

学校维度成因体现在以下三方面：第一，当前学校缺少系统科学的教师侵权行为考核制度。第二，教师考核为唯分数绩效管理体制。第三，在物质侵权管理上，学校缺少科学的学生安全管理体制。

教育行政部门维度成因体现在以下三方面：第一，地方教育行政部门缺少专门的基础教育阶段教师侵权行为管理制度。第二，上级教育行政部门在地方教师侵权行为管理上调控力不足。第三，国家没有立法规定建立各级各类基础教育阶段教师侵权行为管理体制。

四、基础教育阶段教师侵权行为防范与规制对策

本书从宏观侵权行为立法、中观管理体制建立、微观依法治教三个角度提出基础教育阶段教师侵权行为防范与规制对策。

宏观层面，建议国家立法防范与规制基础教育阶段教师侵权行为。首先，立法明确基础教育阶段教师侵权行为构成要件。其次，立法明确基础教育阶段教师侵权行为具体法律责任。最后，立法明确基础教育阶段教师侵权行为审查程序。

中观层面，建议我国建立各级各类基础教育阶段教师侵权防范与规制管理体制。首先，将基础教育阶段教师侵权行为防范与规制指标补充到法律法规和教育政策中。其次，建立学校内部基础教育阶段教师侵权防范与规制管理体制，明确基础教育阶段教师侵权行为防范与规制的管理制度以及管理主体的权责。最后，建立基础教育阶段教师侵权行为防范与规制行政部门管理体制，通过国家各级教育机关开展基础教育阶段教师侵权行为防范与规制管理。

微观层面，建议修订教师法明确基础教育阶段教师职业行为为：依法治教，立德树人。依法包括两个层面的含义：其一，以科学的方法治教；其二，在法律的边界内治教。首先，教师在教学过程中应以学生健

第八章 基础教育阶段教师侵权行为防范与规制研究结论

康成长为中心，重视学生健康人格成长，关注学生身心健康成长，维护学生的物质权利、精神权利及公共利益。其次，基础教育阶段教师在教学过程中形成立德树人的职业价值观，为人师表，树立仁、义、礼、智、信职业价值理念，依法治教，德润人心。此外，为了切实保障学生及教师的合法权利，学校应培养学生权利意识，建立学生维权沟通机制。

附录 1

基础教育阶段教师侵权行为现状调查问卷

家长：

您好！我是辽宁师范大学的科研人员，为了了解基础教育阶段教师侵权行为现状，特编制了这份问卷。本问卷仅用于个人研究，不会对您孩子的老师及学校产生任何影响，故请您认真如实地填写，感谢您的支持与合作！

填写说明：请您在认为合适的选项前打√。

基础教育阶段教师职业行为调查课题小组

2018 年 4 月

附录1 基础教育阶段教师侵权行为现状调查问卷

家长问卷

项目	一级指标	侵权行为类型	题项	侵权的具体行为	从来没有 1	很少 2	偶尔 3	经常 4	总是 5
基础教育阶段教师侵权行为	物质侵权 A	危险品侵权	A1	不没收学生携带刀具（铅笔刀除外），如工艺刀、腰刀、单刃刀、双刃刀、三棱尖刀、折叠刀、刀片、匕首等					
			A2	不没收学生携带放射性物品、腐蚀品、氧化剂和有机氧化物、汽油、硫酸、煤油、有毒物品					
		私人物品侵权	A3	没收学生私人物品（危险品除外）					
			A4	当众故意破坏学生私人物品，如手机、文具用品、书本、作业等					
			A5	收取家长物品为个人所用					
			A6	罚学生钱					
			A7	销毁学生私人物品，如手机、文具用品、书本、作业等					
			A8	私自使用学生作品					
	精神侵权 B	人身侵权行为	B1	伤害性的体罚，如推打、打耳光、扯头发等					
			B2	侮辱型体罚，如蹲讲台、下跪、打屁股、上百遍的罚写等					
			B3	编造谎言威胁恐吓					
			B4	罚三年级以下学生留晚学					

续表

项目	一级指标	侵权行为类型	题项	侵权的具体行为	程度 从来没有	很少	偶尔	经常	总是
					1	2	3	4	5
基础教育阶段教师侵权行为	精神侵权 B	人身侵权行为	B5	作业量小学超过60分钟，中学超过90分钟					
			B6	强行搜身					
			B7	不让吃饭、喝水、去洗手间					
			B8	教师在教室内、活动室、学生寝室、学生聚集场合吸烟、饮酒					
		人格侵权行为	B9	当众辱骂、羞辱学生					
			B10	当众贬低、嘲笑学生					
			B11	按成绩排座位、分班、分考场					
			B12	取消个别学生上非中考或高考学科					
			B13	给学生起绰号					
			B14	侮辱性泄露学生的隐私，如家庭情况、父母关系、个人缺陷等					
			B15	性倾向行为，如亲吻、触摸、看色情图片、看不健康视频、用污秽语言等					
			B16	对违纪学生处以停课处罚					
	公共利益侵权 C	影响型侵权行为	C1	收受家长礼金任命班干部					
			C2	凭私人关系任命班干部					
			C3	利用个人职务获取私人好处，如给学生指定或安排课外辅导等					

· 172 ·

附录1 基础教育阶段教师侵权行为现状调查问卷

续表

项目	一级指标	侵权行为类型	题项	侵权的具体行为	从来没有 1	很少 2	偶尔 3	经常 4	总是 5
基础教育阶段教师侵权行为	公共利益侵权C	影响型侵权行为	C4	收取金钱及礼物安排指定的座位或特殊关照					
			C5	取消全体学生上非中考或高考学科					
			C6	将教学进度课程内容安排在课外辅导班上讲					
			C7	取消学生课间活动					
			C8	禁止学生使用公共设施，如球场、图书馆、体育器材等					
			C9	没有给困难学生发放生活费					
		交易型侵权行为	C10	组织学生校内收费晚自习					
			C11	组织学生日常放学后收费补习					
			C12	组织学生校内收费辅导					
			C13	组织学生周末校外收费辅导					
			C14	组织学生假期收费辅导					
			C15	给学生指定校外辅导班或辅导教师					
			C16	给学生指定校内辅导班或辅导教师					
			C17	给学生指定或推销教辅材料					
			C18	向学生推销商品					
			C19	收家长红包					
总计	3	6	43						

您是孩子的（　　）。

A. 父亲　　　　　B. 母亲　　　　　C. 其他监护人

您孩子的年级是（　　）。

A. 小学一、二年级　　　　　B. 小学三、四年级

C. 小学五、六年级　　　　　D. 初一

E. 初二　　　F. 初三　　　G. 学前

家庭所在地是（　　）。

A. 城市　　　　　B. 农村　　　　　C. 城镇（包括乡、县）

您的职业是（　　）。

A. 工人　　　　　B. 农民　　　　　C. 行政人员　　　D. 商人

E. 知识分子　　　F. 自由职业者　　G. 无业

您的学历是（　　）。

A. 小学及以下　　B. 初中　　　　　C. 高中或中专　　D. 大专

E. 本科　　　　　F. 研究生及以上

您的年龄是（　　）岁。

A. 25~30　　　　B. 30~35　　　　C. 35~40　　　　D. 40~45

E. 45~50　　　　F. 50以上

令您印象最深的基础教育阶段教师侵犯事件发生在（　　）年级（填年级数）。

您觉得侵权最多的教师是（　　）。

A. 班主任　　　　B. 科任　　　　　C. 教导主任　　　D. 校长

您觉得侵权最严重的教师是（　　）。

A. 班主任　　　　B. 科任　　　　　C. 教导主任　　　D. 校长

附录 2

学生访谈提纲

1. 你经历过对学习负面影响很大的事件吗？具体过程是什么？
2. 这个事件带给你怎样的后果？
3. 对你当时的影响是什么？
4. 对现在的影响如何？
5. 有哪些方面的影响？

参考文献

一、中文文献

著作类

[1] 钱焕琦,刘云林. 中国教育伦理学 [M]. 北京：中国矿业大学出版社,2000.

[2] 李龙. 法理学 [M]. 北京：人民法院出版社,中国社会科学出版社,2003.

[3] 孙霄兵. 受教育权法理学——一种历史哲学的范式 [M]. 北京：教育科学出版社,2003.

[4] 王正平. 教育伦理学 [M]. 上海：上海人民出版社,1988.

[5] 施修华,严缘华. 教育伦理学 [M]. 上海：上海科学普及出版社,1989.

[6] 李春秋. 教育伦理学概论 [M]. 北京：北京师范大学出版社,1993.

[7] 陈旭光. 教育伦理学 [M]. 天津：天津教育出版社,1990.

[8] 樊浩,田海平,等. 教育伦理 [M]. 南京：南京大学出版社,2002.

[9] 梁福镇. 教育伦理学起源、内涵与问题之探究 [M]. 台北：五南图书出版公司,2004.

[10] 教育部政策研究与法制建设司. 中华人民共和国义务教育法释义 [M]. 北京：高等教育出版社,2006.

[11] 边沁. 道德与立法原理导论 [M]. 时殷弘,译. 北京：商务印书馆,2011.

[12] 涂尔干. 道德教育 [M]. 陈光金,沈杰,宋谐汉,译. 上海：上海人民出版社,2006.

[13] 杨颖秀. 教育法学：原理、规范与应用 [M]. 北京：中国人民大学出版社,

2012.

[14] 李建华. 法治社会中的伦理秩序［M］. 北京：中国社会科学出版社，2005.

[15] 褚宏启. 论教育法的精神［M］. 北京：教育科学出版社，2013.

[16] 劳凯声. 变革社会中的教育权与受教育权［M］. 北京：教育科学出版社，2003.

[17] 亨利·E. 阿利森. 康德的自由理论［M］. 陈虎平，译. 沈阳：辽宁教育出版社，2001.

[18] 俞可平. 论国家治理现代化［M］. 北京：社会科学文献出版社，2015.

[19] 爱弥尔·涂尔干. 职业伦理与公民道德［M］. 渠东，付德根，译. 上海：上海人民出版社，2006.

[20] 劳凯声. 中国教育改革30年（政策与法律卷）［M］. 北京：北京师范大学出版社，2009.

[21] 约翰·密尔. 论自由［M］. 程崇华，译. 北京：商务印书馆，1959.

[22] 劳凯声. 教育法论［M］. 南京：江苏教育出版社，1993.

[23] 张文娟. 中国未成年人保护机制研究［M］. 北京：法律出版社，2008.

[24] 谷春德，史彤彪. 西方法律思想史［M］. 北京：中国人民大学出版社，2006.

[25] 王勇民. 儿童权利保护的国际法研究［M］. 北京：法律出版社，2010.

[26] 余其营，吴云才. 法律伦理学研究［M］. 成都：西南交通大学出版社，2011.

[27] 夏锦文. 法学概论［M］. 北京：中国人民大学出版社，2000.

[28] 檀传宝. 教师伦理学专题［M］. 北京：北京师范大学出版社，2010.

[29] 中华人民共和国侵权责任法［M］. 北京：法律出版社，2017.

[30] 最高人民法院关于确定民事侵权精神赔偿责任若干问题的解释［M］. 北京：中国法制出版社，2017.

[31] 徐爱国. 法学的圣殿［M］. 北京：中国法制出版社，2016.

[32] 陈瑞华. 看得见的正义［M］. 北京：北京大学出版社，2013.

[33] 博登海默. 法理学：法律哲学与法律方法［M］. 邓正来，译. 北京：中国政法大学出版社，2017.

[34] 詹姆斯·G.马奇,约翰·P.奥尔森.重新发现制度[M].张伟,译.北京:生活·读书·新知三联书店,2011.

[35] 傅维利.师德读本[M].北京:高等教育出版社,2003.

[36] 张向众,叶澜."新基础教育"研究手册[M].福州:福建教育出版社,2015.

[37] 伯尔曼.法律与宗教[M].梁治平,译.北京:中国政法大学出版社,2003.

[38] 韩秀义,邢震.教育法学概论[M].大连:东北财经大学出版社,2011.

[39] 张文显.法理学[M].北京:高等教育出版社,2005.

[40] 江伟.民事诉讼法[M].北京:高等教育出版社,2007.

[41] 杨震.民法学[M].北京:中国人民大学出版社,2009.

[42] 李赐平.我国现代教育立法的探索与实践[M].北京:中国社会科学出版社,2013.

[43] 托克维尔.论美国的民主[M].张晓明,译.北京:北京出版社,2012.

[44] 怀效锋.中国法制史[M].北京:中国政法大学出版社,2007.

[45] 米基·英伯,泰尔·范·吉尔.美国教育法[M].李晓燕,等译.北京:教育科学出版社,2009.

[46] 约翰·罗尔斯.正义论[M].何怀宏,何包钢,廖申白,译.北京:中国社会科学出版社,2015.

[47] 梅林.保卫马克思主义[M].吉洪,译.北京:人民出版社,1981.

[48] 孟德斯鸠.论法的精神[M].许明龙,译.北京:商务印书馆,2015.

[49] 唐代兴.公正伦理与制度道德[M].北京:人民出版社,2003.

[50] 甘绍平.人权伦理学[M].北京:中国发展出版社,2009.

[51] 陈新民.德国公法学基础理论[M].北京:法律出版社,2010.

[52] 孙绵涛.教育政策学[M].北京:中国人民大学出版社,2010.

[53] 孙绵涛.教育政策分析——理论与实务[M].重庆:重庆大学出版社,2011.

[54] 孙绵涛.教育行政学[M].北京:高等教育出版社,2001.

[55] 张树义.行政法与行政诉讼法学[M].北京:高等教育出版社,2007.

[56] 孙绵涛.教育管理学[M].北京:人民教育出版社,2007.

[57] 叶澜. 教育学原理 [M]. 北京：人民教育出版社，2007.

[58] 习近平. 习近平谈治国理政 [M]. 北京：外文出版社，2014.

[59] 周浩波. 教育哲学 [M]. 北京：人民教育出版社，2001.

[60] 杨立新. 侵权行为法案例教程 [M]. 北京：中国政法大学出版社，1996.

[61] 张新宝. 中国侵权行为法 [M]. 北京：中国社会科学出版社，1995.

[62] 中华人民共和国行政诉讼法 [M]. 北京：中国法制出版社，2014.

[63] 哈耶克. 法律、立法与自由 [M]. 邓正来，张守东，李静冰，译. 北京：中国大百科全书出版社，2002.

期刊类

[1] 冯婉桢. 教师职业道德规范的边界 [J]. 教师教育研究，2009（1）.

[2] 王玮. 当代中国法伦理学研究中的几个问题——第三次"北京应用伦理学论坛"综述 [J]. 道德与文明，2004（6）.

[3] 张启江. 中国法伦理学研究的热点问题与困境 [J]. 伦理学研究，2012（5）.

[4] 张存达，蔡小慎. 心理契约视角下公职人员利益冲突的治理 [J]. 湖南社会科学，2014（1）.

[5] 华燕. 论公职人员的法定忠诚义务 [J]. 苏州大学学报（哲学社会科学版），2013（2）.

[6] 杨盛军. 论法伦理学的范式 [J]. 吉首大学学报（哲学社会科学版），2011（5）.

[7] 曹刚. 伦理学、应用伦理学和法伦理学 [J]. 学习与探索，2007（3）.

[8] 陈丽影. 基层腐败问题的法伦理学探索 [J]. 伦理学研究，2016（4）.

[9] 程瀚云. 法律与道德——论第三者是否应受法律制裁 [J]. 法制与社会，2016（4）.

[10] 刘艳军. 法律的道德思考——法伦理学诞生的思想演变 [J]. 中共福建省委党校学报，2006（10）.

[11] 曹刚，徐新. 法伦理学研究论纲 [J]. 伦理学研究，2008（3）.

[12] 劳凯声. 改革开放30年的教育法制建设 [J]. 教育研究，2018（11）.

[13] 张启江. 法伦理学研究的时代价值 [J]. 时代法学，2010（6）.

［14］刘海波. 法伦理学视域下现代公民法律意识探赜［J］. 太原师范学院学报（社会科学版），2017（2）.

［15］温俊达. 法伦理学及其基本问题［J］. 重庆科技学院学报（社会科学版），2010（13）.

［16］只培琳. 法伦理学的研究价值及其时代使命［J］. 兰州石化职业技术学院学报，2010（1）.

［17］石文龙. 法伦理学的独特价值与基本原则［J］. 东方法学，2009（2）.

［18］石文龙. 法伦理学诞生的现实基础与时代机缘［J］. 云南大学学报（法学版），2003（3）.

［19］李培超，张启江. 法理与伦理的互动与困境——中国法伦理学研究30年［J］. 南昌航空大学学报（社会科学版），2012（3）.

［20］吴益芳. 从法经济学到法伦理学——"科斯定理"到"波斯纳定理"的伦理演变［J］. 齐鲁学刊，2016（5）.

［21］桑玉成，张彦青. 领导体制中的议事规则研究［J］. 江苏行政学院学报，2018（6）.

［22］管华. 从权利到人权：或可期待的用语互换——基于我国宪法学基本范畴的思考［J］. 法学评论，2015（2）.

［23］王媛，陈恩伦. 健全教育督导问责机制的路径探析［J］. 教育研究，2016（5）.

［24］管华. 论儿童宪法权利的制度保障［J］. 江苏行政学院学报，2012（5）.

［25］毛豪明，王翠萍. 中小学教师侵犯学生权利现象的法律考察［J］. 中国教育学刊，1997（3）.

［26］赵启平，赵丽. 中小学教师侵权精神损害赔偿原因分析［J］. 咸宁学院学报，2005（4）.

［27］吴开华. 中小学教师人身侵权行为的法理分析［J］. 教育评论，1999（6）.

［28］韩晓琴. 西部地区中小学教师侵权行为的思考［J］. 榆林学院学报，2003（4）.

［29］柳倩华. 从中小学教师侵权行为谈如何加强教育法治制建设［J］. 教学与管理，2002（24）.

[30] 劳凯声，陈希.《侵权责任法》与学校对未成年学生的保护职责［J］. 教育研究，2010（9）.

[31] 柳倩华. 论中小学教师侵权行为与教育法治［J］. 现代教育科学，2002（10）.

[32] 朱宁波，刘丽娜. 中小学教师职业道德现状的调查研究［J］. 教育科学，2009（6）.

[33] 傅维利. 对教育中惩罚问题的基本认识［J］. 河南教育学院学报（哲学社会科学版），2009（2）.

[34] 马明亮. 程序正义理论在刑事诉讼中的展开［J］. 中国人民公安大学学报（社会科学版），2006（1）.

[35] 孙绵涛，邓纯考. 错位与复归——当代中国教育政策价值分析［J］. 教育理论与实践，2002（10）.

[36] 孙绵涛. 关于国家教育政策体系的探讨［J］. 教育研究，2001（3）.

[37] 孙绵涛. 试论教育政策伦理的局限性———一种后设伦理学分析的视角［J］. 教育研究，2012（7）.

[38] 孙绵涛，王刚. 我国现代学校制度建设的成就、问题与对策［J］. 教育研究，2013（11）.

[39] 孙绵涛. 关于教育政策分析若干理论问题的探讨［J］. 教育研究与实验，2002（2）.

[40] 孙绵涛. 关于中国教育改革规律问题的探讨［J］. 教育研究与实验，2009（5）.

[41] 刘文，刘娟，张文心. 受心理虐待儿童的心理弹性发展［J］. 学前教育研究，2014（3）.

[42] 周浩波. 试论高水平、高质量普及九年义务教育［J］. 教育科学，2004（5）.

[43] 陈大超，齐岩. 未成年学生监护权问题法理学思考［J］. 中国教育学刊，2006（11）.

[44] 蔡敏. 美国基础教育学生评价改革述评［J］. 中国教育学刊，2003（8）.

[45] 刘祖云. 论权责统一：公共行政的理论逻辑［J］. 江南大学学报（人文社会科学版），2003（3）.

[46] 蔡安明,江志武.教师在校园伤害中承担侵权责任研究[J].江苏教育研究,2016(3).

[47] 赵阳,李超.英国学校教师职业伦理行为监管程序法制化研究[J].外国中小学教育,2017(12).

[48] 赵阳,周浩波.美国教师职业道德法制化管理对我国的启示——以佛罗里达州为例[J].辽宁师范大学学报(社会科学版),2017(4).

[49] 庄德水.利益冲突:一个廉政问题的分析框架[J].上海行政学院学报,2010(5).

[50] 陈桂生.教师伦理价值——规范体系刍议[J].中国教师,2008(21).

[51] 黄威.我国教育督导体制现状、问题与改革路径[J].教育发展研究,2009(12).

[52] 凌飞飞,赵新云.我国教育督导制度存在的问题与解决对策[J].教育探索,2005(8).

[53] 穆岚.我国教育督导制度存在的问题与改革对策[J].教育探索,2006(12).

[54] 唐宏站.政治学框架下的法伦理问题初探[J].学术论坛,2007(12).

[55] 陈万求.法律伦理学研究综述[J].湘潭大学社会科学学报,2000(S1).

[56] 刘娟,赵玉生.自我损耗对道德行为的影响及其教育启示[J].教学与管理.2015(27).

[57] 杨睿娟,申敬红,李敏,游旭群.我国中小学教师职业规范政策研究[J].北京师范大学学报,2019(1).

[58] 张民安.中小学校和中小学教师承担的侵权损害赔偿责任——我国未来侵权法应当规定的原则[J].暨南学报(哲学社会科学版),2009(2).

[59] 赵霞.我国儿童发展权保护的进步与思考[J].少年儿童研究,2019(2).

[60] 王响荣.浅谈我国宪法中的平等权[J].法制与社会,2019(18).

[61] 袁振国.教育公平的中国模式[J].中国教育学刊,2019(9).

[62] 吴晓蓉,谢非.人类命运共同体视域中的教育反贫困[J].民族教育研究,2019(3).

［63］王超，陈飞. 多元文化时代"教师"道德主体的困境与抉择［J］. 湖南科技大学学报（社会科学版）2012（6）.

［64］徐兴林，李云萍，张宗元. 基于新修《民办教育促进法》贯彻落实的几点思考［J］. 法制与社会，2019（5）.

［65］王楠. 幼儿教师激励机制探究［J］. 长沙师范专科学校学报，2011（10）.

［66］王丽华. 高校学生思想政治教育中情感管理的运用［J］. 东华大学学报（社会科学版），2012（1）.

［67］凡秋霞. 浅议物权行为与债权行为之区分实益［J］. 法制与社会，2011（7）.

［68］安立魁，白玲. 基于PDCA的高职学生顶岗实习管理现状调查的问卷编制及检验［J］. 职业教育（中旬刊），2018（15）.

［69］阴丽佳，韩圣，刘莹莹. 大学生网络消费行为影响机制的实证研究［J］. 金融理论与教学，2019（3）.

［70］程水栋. 毛泽东管党治党思想及其当代价值［J］. 湖南科技大学学报（社会科学版），2019（1）.

［71］周叶中，汤景业. 论坚持思想建党和制度治党紧密结合［J］. 党内法规理论研究，2018（1）.

［72］梁立宽. 提高我国高校反腐倡廉制度执行力研究［J］. 青年与社会，2018（12）.

［73］陈叙言. 人工智能刑事责任主体问题之初探［J］. 社会科学，2019（3）.

［74］孙海波. 通过裁判后果论证裁判——法律推理新论［J］. 法律科学（西北政法大学学报），2015（3）.

［75］蔡娟，张甜甜. 德法兼修：优化党内政治生态的逻辑选择［J］. 廉政文化研究，2018（6）.

［76］刘宪权. 人工智能时代的刑事责任演变：昨天、今天、明天［J］. 法学，2019（1）.

［77］肖巍. 推进中国政治发展的三个维度［J］. 中央社会主义学院学报，2019（1）.

［78］余海洋. 精准扶贫信息法律制度再造［J］. 政治与法律，2019（1）.

［79］郑广永. 论形式主义的根源及防治［J］. 北京联合大学学报（人文社会科学

版),2019(1).

[80] 许祝. 习近平党建思想——依规治党和以德治党辨证统一研究[J]. 现代商贸工业,2019(6).

[81] 赵阳,孙绵涛. 学前教育立法必须明确虐童行为法律责任[J]. 湖南师范大学教育科学学报,2020(3).

学位论文类

[1] 陈大兴. 高等教育中责任与问责的界定——基于学理与法理的研究[D]. 华东师范大学博士论文,2014.

[2] 吴真文. 法律与道德的界限——哈特的法伦理思想研究[D]. 湖南师范大学博士论文,2009.

[3] 范履冰. 受教育权法律救济制度研究[D]. 西南大学博士论文,2006.

[4] 杨琳. 侵权责任中的补充责任研究[D]. 华东政法大学硕士论文,2008.

[5] 李侠. 教师权利的"权力化"异变及其规制研究[D]. 苏州大学硕士论文,2009.

[6] 马晓春. 中小学教师问题行为调查研究[D]. 山东师范大学硕士论文,2004.

[7] 郑春华. 侵权行为的界定[D]. 吉林大学硕士论文,2008.

[8] 王洋. 侵权行为概念解析[D]. 吉林大学硕士论文,2010.

[9] 管华. 儿童权利研究——义务教育阶段儿童受教育权的保障[D]. 武汉大学博士论文,2010.

[10] 金保华. 论教育管理的伦理基础[D]. 华中师范大学博士论文,2008.

[11] 戚建. 教育管理研究理论思维探论[D]. 华中师范大学博士论文,2013.

[12] 尚迎春. 新形势下中小学教师职业道德失范及其矫正研究[D]. 山西农业大学博士论文,2013.

[13] 丁雪枫. 道德正义论——罗尔斯正义论的伦理学研究[D]. 东南大学博士论文,2005.

[14] 王官成. 富勒法律与道德关系的法伦理学解析——《法律的道德性》研究[D]. 西南政法大学博士论文,2010.

［15］宁洁．法伦理学：学科抑或思想［D］．湘潭大学博士论文，2011．

［16］刘同君．守法的伦理学分析［D］．南京师范大学博士论文，2012．

［17］程敏．论法伦理学的基本问题［D］．安徽师范大学硕士论文，2005．

［18］曹亚琦．见义勇为立法的法伦理学分析［D］．湘潭大学硕士论文，2009．

［19］刘闻敏．关于禁止近亲结婚规定的法理学思考［D］．安徽大学硕士论文，2010．

［20］郭二梅．农村中小学教师流动问题研究［D］．西北师范大学硕士论文，2018．

［21］李常菁．昆明市公共图书馆少儿信息服务调查研究［D］．云南大学硕士论文，2016．

［22］陈玉莲．教师教学倾听的问题及策略研究——以L区四所小学的语文课堂为例［D］．西北师范大学硕士论文，2018．

［23］邬砚．侵权补充责任研究［D］．西南政法大学博士论文，2015．

［24］王帆．我国农村留守儿童受教育权法律保护研究［D］．广西师范大学硕士论文，2019．

［25］黄伟．侵权行为法中的行为转向——以德国侵权行为法的发展为参照［D］．西南政法大学硕士论文，2010．

［26］孙博谦．自我损耗对青少年田径运动员运动成绩的影响［D］．辽宁师范大学硕士论文，2014．

［27］陈红炜．政府重大决策法律责任追究制度研究［D］．西北师范大学硕士论文，2018．

［28］商家铭．校园欺凌行为的刑法规制研究［D］．山东政法学院硕士论文，2019．

［29］赵阳．高中英语学业评价的现状及对策研究［D］．辽宁师范大学硕士论文，2011．

［30］吴峰．湘乡市壶天古村游客满意度调查［D］．中南林业科技大学硕士论文，2014．

二、外文文献

[1] Complaints Against Teachers and Administrators: Procedure; Penalties [EB/OL]. [2016 – 01 – 10]. http://www.leg.state.fl.us/statutes/index.cfm?mode = View% 20Statutes.

[2] Duncan Waite and David Allen. Corruption and Abuse of Power in Educational Administration [M]. Human Sciences Press Inc., 2003.

[3] U.S. Department of Education. Archived Information [EB/OL]. [2016 – 01 – 10]. http://www.ed.gov/news/press – releases/us – department – education – announces – awards – nine – states – continue – efforts – turn – around – lowest – performing – schools/.

[4] Teacher Misconduct: Regulating the Teaching Profession [EB/OL]. [2018 – 02 – 10]. https://www.gov.uk/guidance/teacher – misconduct – regulating – the – teaching – profession.

[5] What Teahcers should Know and be able to Do. The Five Score Proposition, National Board for Professional Teaching Standards [EB/OL]. [2017 – 03 – 11]. http://accomplishedteacher.org/.

[6] Teaching Standards, Appraisal Regulations and Pay Reform Research Report [EB/OL]. [2016 – 04 – 01]. https://www.gov.uk/government/publications/nfer – teacher – voice – omnibus – november – 2012 – survey – new – teachers – standards – and – appraisal – regulations.

[7] Fitness to Teach Statistics [EB/OL]. [2016 – 01 – 10]. http://www.gtcs.org.uk/regulation/ftt – statistics.aspx.

[8] Teaching Standards, Misconduct and Practice [EB/OL]. [2017 – 08 – 07]. https://www.gov.uk/education/teaching – standards – misconduct – and – practice.

[9] The Department for Education's Statutory Guidance Publications for Schools and Localauthories [EB/OL]. [2017 – 01 – 05]. https://www.gov.uk/government/collections/statutory – guidance – schools/.

[10] Behaviour and Discipline in Schools: Guide for Governing Bodies [EB/OL].

[2018-03-13]. https://www.gov.uk/government/publications/behaviour-and-discipline-in-schools-guidance-for-governing-bodies.

[11] Behaviour and Discipline in Schools: Advice for Headteachers and School Staff [EB/OL]. [2017-05-10]. https://www.gov.uk/government/uploads/system/uploads/attachment_data/file/488034/Behaviour_and_Discipline_in_Schools_-_A_guide_for_headteachers_and_School_Staff.pdf.

[12] Starting Strong: Early Childhood Education and Care [EB/OL]. [2017-10-22]. http://www.oecd.org/edu/schoo/startingstrongiiearlychildhoodeducationandcare.

[13] Can We Be Sued for that? Understanding & Managing Tort Liability [EB/OL]. [2017-10-22]. https://arsba.org/wp-content/uploads/YOUNG.pdf, http://www.schoolinjuryattorneys.com/elements-tort-law-school-liability/.

[14] Use of Reasonable Force Advice for Headteachers, Staff and Governing Bodies [EB/OL]. [2017-02-10]. https://www.gov.uk/government/publications/use-of-reasonable-force-in-schools.

[15] Vicki Been. Strategies and Techniques for Teaching Torts [J]. Wolters Kluwer Law & Business in New York, 2012.

[16] Reynolds C. Seitz. Tort Liability of Teachers and Administrators for Negligent Conduct toward Pupils [J]. Cleveland State Law Review, 1971.

[17] Daniel L. Schacter. Implicit Memory: A New Frontier for Cognitive Neuroscience [M]. The Cognitive Neurosciences, 1995.

[18] John N. Briere and Catherine Scott. Principles of Trauma Therapy: A Guide to Symptoms, Evaluation, and Treatment [M]. SAGE Publications, Inc, 2015.

[19] Annette Streeck-Fischer, Bessel A. Vander Kolk. Diagnostic and Therapeutic Implications of Chronic Trauma on Child Development [J]. Australian and New Zealand Journal of Psychiatry, 2000.

[20] Teicher, Developmental Neurobiology of Childhood Stress and Trauma [EB/OL]. [2018-03-30]. https://www.blueknot.org.au/Resources/General-Informa-

tion/Impact – on – brain.

[21] Epigenetic Regulation of the Glucocorticoid Receptor in Human Brain Associates with Childhood Abuse. U. S. Department of Health & Human Services [EB/OL]. [2018 – 04 – 14]. https://www.ncbi.nlm.nih.gov/pubmed/19234457.

[22] The Way We Are: How States of Mind Influence our Identities, Personality and Potential for Change [M]. International Psychoanalytic Books, 2016: 448.

[23] Intensive Psychotherapy for Persistent Dissociative Processes [EB/OL]. [2018 – 04 – 14]. http://books.wwnorton.com/books/Intensive – Psychotherapy – for – Persistent – Dissociative – Processes/.

[24] Impact on the Cortex and Limbic System [EB/OL]. [2016 – 07 – 16]. https://www.blueknot.org.au/Resources/General – Information/Impact – on – brain.

[25] The 2016 Florida Statutes. General Provisions [EB/OL]. [2016 – 01 – 11]. https://www.flrules.org/default.asp.

[26] Elements of Tort Law in School Liability [EB/OL]. [2018 – 01 – 06]. http://ro.ecu.edu.au/ajte/vol25/iss1/5.

[27] Impacts of Complex Trauma [EB/OL]. [2018 – 01 – 06]. https://www.blueknot.org.au/https//www.blueknot.org.au/Workers – Practitioners/For – Health – Professionals/Resources – for – Health – Professionals/Impacts – of – Complex – trauma.

[28] Epigenetic Regulation of the Glucocorticoid Receptor in Human Brain Associates with Childhood Abuse [EB/OL]. [2018 – 04 – 14]. https://www.ncbi.nlm.nih.gov/pubmed/19234457.

后 记

本书由我的博士论文改定。

时光飞逝，从读博到本书出版转眼已经 7 年，回首读博时光，诸多感慨，诸多感动，瞬时一齐涌上心头，一时间，竟不知从何说起。

首先感谢我的恩师，周浩波教授。师恩浩荡，纵使写下万字也难以尽述我对老师无尽的感激。博士求学的 5 年中，我每周都给老师发一条短信，老师也总是耐心地在百忙之中一一回复，5 年来在手机中竟存下了老师的几百条短信。自 2011 年硕士毕业之后，我就开始关注学生学习问题以及未成年学生身心健康问题。第一次与老师见面，老师问我下一步想研究什么时，我坚定地说想研究教育法。老师当时就很赞同，于是我从博一开始就研究教育法。然而，这一路走来，竟觉荆棘丛生，远没有我想象中的那么轻松。我读博之前学习的是教育学，并没有法律基础，许多知识要从零学起，这就要求我付出更多心力。书本浩如烟海，学问千头万绪，前路难免有太多艰难险阻，对毕业这一终点有遥遥无期之感，也忧虑自己走着走着就会忘了为什么来到这里，不能静下心来，守住自己立志求学的本心。幸好有老师的指引，无数次为我拨开云雾，如果没有老师的带领，我就不可能一步一步地走向教育法研究的道路，坚守本心，创造我博士生涯中的很多奇迹。博士期间，我发表的第一篇小论文，是由于老师的悉心指导，才有幸得以在《辽宁师范大学学报》顺利发表，这对于我而言是莫大的鼓励。此外，老师对我博士论文开题给予了莫大的支持与帮助，在我博士论文的整个研究过程中，老师也倾注了心血。老师对我的论文多次提出指导意见，对于论文的问卷编写、框架、题目都给予了指导。老师身为辽宁大学党委书记，每天工作非常繁忙，却总是抽出时间指导我的学习，让我非常感动。博士求学5年中，不知在何时，老师两鬓已经渐渐生出了白发。老师很辛苦，很忙碌，记得有一次收到老师回复的邮件，时间竟然是晚上11点。在我眼里，老师是一个很了不起的哲学家，老师20年前写的教育哲学中所谈到的教育公平问题，至今依然是全世界各国教育关注的焦点。5年求学，与老师建立的师生情谊，点点滴滴都是我人生的宝贵财富，会永远珍藏。同时也很开心与俞海霞、琳琳等成为同门学友。

  因为对基础教育阶段教师侵权行为研究的一片真心，我在论文写作过程中，得遇很多很神奇的善缘。第一奇缘，当数得遇孙绵涛老师。博士第三年，由导师推荐，我开始有幸听孙老师讲授的教育政策学和教育管理学这两门课程。根据课程安排，我每周三往返六七小时路程，去沈阳师范大学田家炳教育书院聆听孙老师的课。两学期的听课学习过程，极大地提高了我的学术思维，丰富了我的学术思想，甚至使我在诗歌创作上也有了不可思议的进步。孙老师对于我而言，如同相见恨晚的忘年交，如同雪中送炭的恩师，又如同循循善诱的长辈。孙老师在课堂上时而严肃而富有激情地传授我们学问知识，时而与我们欢快地畅谈诗句，教授我们作为一名中国学者的诗与远方，应担当的使命与责任。孙老师是新中国成立后参与中国几部教育法编著的专家之一，孙老师的著作多次被国外翻译，他对中国教育的呕心沥血，让我为之动容。孙老师学硕高卓，但却又平易近人，慈悲护佑我们这些在学术道路上刚起步的学界

后 记

晚辈。我的博士论文在问卷条目、研究方法的方法论等方面，多次获得孙老师给予的宝贵建议。最令我感动而铭记在心的是，孙老师是在去希腊参加国际教育研讨会，在飞机场候机的时候，也会抽出时间帮我看问卷，并通过微信给予了细致的指导。孙老师的博爱情怀，为中国教育事业呕心沥血的精神，时刻感染着我。还记得我听课期间为孙老师做的诗："谁知大隐心：潜心圣贤道，谁知大隐心。茶香散寂静，玉壶纳观音。"那是真心的流露。孙老师在课堂上经常对学生说："你们是我的学生，你们是我的朋友，你们是我的儿女。"这些话我会永远记得，珍藏于心。佛法讲：上报四重恩，为人不可忘四种恩情，其中有师恩，孙老师的恩情我会永远铭记。同时，得惠于孙老师，很开心结识了孙老师的很多弟子，张博、冯红颜、孟思宇、许航等，以及南开大学博士后郑丽娜，能同窗共读，这是难能可贵的情义。

　　还要感谢我的硕导，我的恩师蔡敏老师。谈到蔡老师我总有些愧疚，蔡老师一生研究教育评价，在硕士期间我就明白蔡老师的苦心，认识到中国的考试制度需要不断改进完善。身为蔡老师的硕士生，本应该继续继承老师的使命，继续研究教育评价，为解决中国考试评价问题添砖加瓦。可是硕士毕业后的经历，让我改变了方向，开始关注教育法。虽然博士期间没有跟随蔡老师继续学习，但是蔡老师一直在默默地帮助我，支持我，多少次令我惭愧而又感动流泪。蔡老师是我学术道路上的启蒙老师，也是为我护航的老师。我的第二篇发表在《外国中小学教育》上的小论文最该感谢的就是蔡老师，蔡老师在整个框架上给予了我细致的指导，才让这篇小论文顺利发表。蔡老师对于我博士毕业论文的问卷也给予了指导。平日遇到蔡老师，我总会问一些问题，蔡老师也会非常耐心地指导。常常怀念与蔡老师从辽师田家炳教育书院走到汽车站的那段路。总觉得这条路再长一些该有多好，这样便可以多与蔡老师聊聊天。我对学术最初的热爱，以及后来能考上博士，最初都源于硕士求学期间蔡老师的悉心指导。记得有一次与蔡老师沟通，蔡老师说，见到你今天的进步，我感到很欣慰。感谢蔡老师，我会继续努力，不负师恩。同时，很开心有缘认识了蔡老师的两位博士，马永双和李超。

感谢陈大超老师，陈老师是我专业方向课的老师。刚上课的时候，陈老师说了一句话："既然你来听我的课，我就把你当作自己的学生。"当时我没作声，是因为我低头在控制情绪，感动得想哭。陈老师真的把我当成他的学生。记得在论文开题阶段，有些老师认为我的研究存在一些问题时，我一时接受不了，情绪反应很大。会议结束后，我独自走在校园里，边走边哭，天色已晚，还下着蒙蒙细雨，内心无比凄凉。当时，我接到陈老师打来的电话，陈老师用他特有的学术规范性语言，清晰明了地给我提出了两点建议。陈老师的电话对我而言就是雪中送炭，如今想起还是感动不已。在博士求学进程中最绝望的时候，能有陈老师打来的这一通指导电话，有如良师菩萨般寻声救苦，真的是永远铭记。

感谢西北政法大学的管华教授。得遇管教授是参加人民大学教育法律与政策论坛，缘于这次偶然相遇，后来由管老师引荐参与了教育部委托西北政法大学主持的学前教育法立法项目，当时管老师作为主任主要负责这一项目工作。我的博士论文问卷编制过程中需要找10多名专家进行评议，只是一面之缘，我就冒昧地请管老师帮忙评议。没想到管老师看得非常仔细，甚至精细到标点符号的使用。管老师组织全国百所幼儿园调研活动，出于对管老师的感激，我也参与其中，后来一路从调研到指导学生写报告、评奖，再到后来参与学前教育法初稿起草、去西安参与教育立法会议、发表论文，我受益匪浅，对管老师的提携深表感激。与管老师研究小组合作学习，我还有幸认识了很多教育法学界的同人，陶琳琳博士、刘艳金老师、马焕灵教授、杨向卫博士后等。

后 记

感谢傅维利教授。博士期间有幸听到傅老师的一门课，傅老师的思想深刻而有内涵，在德育方面的研究成果福慧很多人。傅老师看上去很严肃，让人心生敬畏，但事实上，傅老师内心是慈悲的。感谢傅老师让我听了他一学期的课，收获颇多。

感谢张桂春老师，很遗憾博士期间亲近张老师的机会很少，只是在硕士、博士期间分别听过几节课。不过，张老师的幽默、思想的广阔、特立独行让我印象深刻。平日里经常会看张老师的微博，与张老师的学生白玲、冯旭芳、喜悦都是好朋友。感谢张老师对我的关注，感谢张老师偶尔会给我点赞，给我鼓励。

感谢朱宁波教授、杨晓教授、闫守轩教授、李德显教授。论文开题对我而言是博士求学阶段的转折点，朱老师、杨老师、闫老师、陈老师在开题上给予了我悉心的指导，让我深刻认识到自己学术上存在的问题。感谢各位老师的鞭策。

感谢我的同窗同学。首先是白玲，白玲是我博士求学期间接触比较多的同学，白玲虽然年纪比我小很多，却个性成熟，在同学中学术卓越。读博期间多次与白玲一同探讨学术、讨论人生、参禅悟道，感受到了博士求学生活的思想碰撞之美好，同窗苦读之情义。

感谢同学贾金平，贾金平在我心中算是博士求学上的患难好友。虽然我的学术水平一般，但贾金平多次鼓励我，有时我们互相鼓励，在博士求学的道路上与贾同学同舟共济，是我的幸运。

感谢苏若菊，博士第一年我们一同听课，一同吃饭学习，得遇苏若菊好友倍感欣喜。感谢张杨阳，杨阳是我的室友，我们共同学习近两年，共同探讨学习，留下很多美好回忆。感谢曹茂贾、冯旭芳、侯丽娜、朱艳南，博士求学4年，共同学习，多有交流，倍感同窗友谊之珍贵。

感谢鞍山海城市教育局原局长、基础教育科原科长李殿君老师，感谢《鞍山日报》记者、弟弟李亮，感谢鞍山市检察院原检察长罗福坤老师、鞍山某律师事务所律师魏东新大表哥、国家二级心理咨询师兼大连泉水小学老师及我的好友贾攀，感谢好友沈阳大学王芳、老同学南台二中主任李世广、南台二道小学校长李世海。问卷在具体条目编制过程中得到了诸位的评议，行政领导、心理咨询师、一线教师、专业律师、大学专家等各方的意见与建议，使得我的问卷不断完善。

感谢帮我填写问卷的所有人，包括参与西北政法大学项目的默默无闻的志愿者们，我的得力助手复旦大学硕士研究生孔艳秋、华东理工大学硕士研究生戴俊、山东师范大学学生王子涵、西北政法大学学生马晨辉、西北政法大学学生郝艳晓等，还有来自网络、微信朋友圈未曾谋面的家长们、教师们、社会人士。感谢我访谈的学生们，包括于书汉、夏薏婷、柴佳琪、蔡依林、田贺元、李明慧、黛玉、张子慧、张文艺、王浩楠、石浩天、李佳欣、刘禹含、王思文等。

一项研究的完成凝聚了八方的力量，非我一个人的功劳。感谢帮助我完成实证研究的各位师友同学。

感谢我的父母，父母是我努力的动力。做儿女的只能用行动来回报父母养育之恩。感谢我的女儿和我的先生。女儿是我研究论文的初衷，出于对女儿教育的困惑才让我一步一步了解了中国教育之困惑。也是为了解决女儿的教育问题，让我一步一步走到了今天。感谢我的女儿，让我的母爱以论文形式呈现。感谢我的先生。先生与我结婚至今，越是相处，越觉得先生品行之高尚，内心之美好，先生一直支持我，深表谢意，余生有你甚好。

感谢鞍山市皈源寺的传德师父、妙善师父，每当博士求学进入困惑逡巡的阶段，我都会去庙里，清心静意。两位师父修行高深，慈悲普渡。师父心包太虚的境界让我常常换一种思路重新审视自己：我是谁？为什么做学问？人生的意义为何？博士求学 5 年我改变了很多，从懵懂到领悟，从迷茫到开阔，从小我到大我，一路走来如有神助。"菩萨柳头甘露水，能令一滴遍十方，腥膻垢除秽尽蠲除，令此坛场悉清静。"在我博士论文研究的整个过程中得益于八方护持，在此再次表示衷心感谢。

最后，感谢鞍山师范学院。博士毕业后，我入职鞍山师范学院，得到了学校领导、同事的多方支持与帮助。在此，特别感谢陈学宽校长、石磊处长对本书出版的大力支持。

从此走上学术道路，作为学术人，我对未来的人生充满好奇。满怀着一颗至诚之心，期望未来我们国家的教育事业越来越好，我们国家的每个孩子都能度过健康、快乐、绚烂、多彩的校园生活。期望每个教师能够克己复礼，先为师，后为圣贤，再为菩萨，厚德载物，功德巍巍。